T0267543

SÍNDROME
DE UN
CORAZÓN
ROTO

Esther Iturralde

SÍNDROME DE UN CORAZÓN ROTO

Para sanar hay que sentir

Grijalbo

Síndrome de un corazón roto
Para sanar hay que sentir

Primera edición: enero, 2022

D. R. © 2021, Esther Iturralde

D. R. © 2022, derechos de edición mundiales en lengua castellana:
Penguin Random House Grupo Editorial, S. A. de C. V.
Blvd. Miguel de Cervantes Saavedra núm. 301, 1er piso,
colonia Granada, alcaldía Miguel Hidalgo, C. P. 11520,
Ciudad de México

penguinlibros.com

ISBN: 978-607-380-790-6

Impreso en México – *Printed in Mexico*

*Para Esther de 29 años, gracias
por no conformarte nunca*

.

"A una mente renovada la persiguen los milagros."
DANIEL HABIF

ÍNDICE

Segunda parte

PRÓLOGO

Síndrome de un corazón roto es una biografía de una historia de amor. Esther nos abre su corazón y comparte su historia en la que relata la búsqueda de recuperar lo que creía era suyo, su Ex. A lo largo de los capítulos transitarás por todas las emociones, recuerdos, sensaciones vividas siempre que resuenen con tu dolor. No te aflijas, el relato permitirá que te abras para que observes si esa herida está latente en ti, no para quedarte en la queja o validar tu dolor, sino todo lo contrario, para salirte del estancamiento y de la creencia limitante de que precisas vivir codependiente de otro para ser feliz. Lo esencial es recordar que el amor nace de nosotros.

Viví una época en mi adolescencia en la que era común entregarle tu poder al destino, pues la frase: "Deja pasar el tiempo que todo lo cura" no era motivador, sino todo lo contrario, era limitante. Hoy día, vivimos en una época tecnológica, la cual es una gran bendición, pues nos acompaña en el proceso de evolución personal y espiritual y nos brinda infinitos recursos y disciplinas para despertar nuestra consciencia. Ya no tenemos más excusas para permanecer en ese callejón sin salida, hoy tenemos nuestro poder, el poder de elegir.

Todos buscamos vivir un gran amor. Durante la adolescencia, en particular, comenzamos a experimentarlo de distintas formas a través de los vínculos; allí sin más ruedos nos lanzamos a conectar emocionalmente desde nuestra "idea" del amor. Será un amor ideal, un amor imposible, un amor para siempre... nuestra forma de recibir amor ha impactado nuestra "percepción" de cómo será ese amor y cómo nos vinculamos para conectar y construir nuestra vida amorosa. El problema es que creemos que todo debe provenir de otras personas, o al menos es lo que aprendimos.

Este libro nos lleva en un viaje hacia la herida para sanar de raíz aquello que no nos animamos a ver. Nos llevará de la mano porque Esther ha vivido esas experiencias dolorosas, las ha sufrido, las ha enfrentado y las ha trascendido. Ella nos brinda un abanico de posibilidades que pueden aclarar y darte esas respuestas que tanto buscas y que no encuentras. *Síndrome de un corazón roto* no es un cuento de hadas, es una historia real para dar el salto de fe y creer en ti. Este viaje más que una travesía es una experiencia shamánica, una invitación a renacer.

En un momento del libro nos enseña sobre las tres categorías de promesas. La promesa que tú le hiciste a tu Ex, la promesa que te hiciste a ti mismo y la promesa que le hiciste a Dios. ¿Qué tiene de malo eso?, tú dirás. De una forma genuina Esther nos invita a observar el poder que existe detrás de las palabras. No es sólo lo que digo, sino toda la energía que coloco en esa frase, mi intención, mi compromiso, mi expectativa, todo impacta mi ser y lo que me proponga manifestar. Esther dice: "Todas las promesas cargadas de emociones fuertes generan lazos de alma que no se rompen sólo por cortar o terminar la relación". Y es muy cierto, la memoria celular permanece enquistada en nuestro ser hasta que "decidimos" liberarla o llega el momento de hacerlo.

Una de mis pasiones es guiar en el proceso de sanar el corazón, sanar el "ser". Desde mi experiencia personal, académica y clínica de más de 15 años puedo decirte que no queda otra más que sentir la herida para sanarla. Puedes elegir el tapping, el mindfulness, la meditación, el coaching, acupuntura... o la suma de todas estas disciplinas, pues serán tus herramientas en el proceso de cambio y transformación. Nos hemos acostumbrado a escondernos para no sentir. Como dice Esther: "No esperes que el tiempo te cauterice". ¿Qué quiere decir con esto? Si lo haces, corres el riesgo de inmortalizar ese dolor, darle un lugar en tu ser, la importancia de existir en ti. No tienes idea de la energía enorme que te llevará sostener su existencia, pues el dolor precisará de tu atención para existir y para ello robará lo más preciado en ti, tu energía vital.

¿Cómo comienzo a sanar? Puedo decirte que el comienzo está aquí y ahora. Comprometiéndote a iniciar tu viaje de transformación de la mano de Esther. En el transcurso del libro encontrarás momentos en los que precisarás pausar para procesar lo leído y sentir cómo resuena en ti. Tómate esa pausa con el libro en la mano, y vuelve a leer las páginas que más te han impactado. Allí habrás encontrado alguna clave para ti. Por otro lado, habrá momentos donde estarás con más motivación y ganas de tomar acción. Date permiso para fluir a tu propio ritmo. Anímate a seguir los ejercicios prácticos, pues si te quedas en un proceso racional, impactará solamente ese aspecto mental. Tal como menciona Esther, este proceso no es sencillo, requiere valentía. Con cada página que lees le abres la puerta a esas memorias para que salgan a la luz; y puede ser que no sepas qué hacer con ellas, pero confía en que tu lectura y tu práctica crearán fortaleza. Recibe esta guía con empatía y compasión en tu propio proceso de duelo, pues es el camino hacia tu propia reconstrucción.

Estás aquí, ahora, leyendo este libro en este momento porque estás buscando respuestas para tu corazón y, te digo algo, estás en el lugar indicado. Entonces anímate, suelta tus ideales, suelta los ruegos por volver a tu pasado, suelta la idea de que no puedes, de que te quedarás en soledad perpetua, suelta todo, todo, todo aquello que sea una piedra en tu camino. Ahora, entrégate al proceso de sanar tu corazón, para que renazcas, para que encuentres tu propia voz, tu pasión por la vida y quizás, por qué no, en un futuro no muy lejano tú seas quien inspire a otra persona a sanar el suyo.

Disfruta mucho este recorrido que Esther ha creado desde lo más profundo de su corazón para que te liberes y encuentres tu propia voz, tu propia forma de ser feliz.

Bienvenido, bienvenida a una gran aventura. Me siento muy honrada de presentar esta obra de arte para el corazón. ¡Gracias, Esther!

DRA. MARIA LAURA RAINER OMD
www.DrMLaura.com
IG @MariaLauraRainerAcupuncture

INTRODUCCIÓN

Mi historia es bastante larga, principalmente porque todavía continúa siendo contada. No obstante puedo decirte que el *life coaching* cambió mi vida por completo. El despertar de mi propia conciencia hacia la realidad que vivo día a día me ha hecho ser quien soy hoy en todas y cada una de las áreas de mi vida.

Todo empezó a partir de una depresión profunda causada por la pérdida de una relación amorosa. El corazón roto me llevó a encontrar el tesoro más grande del mundo: a mí misma. Si estás comenzando este libro es muy posible que tú, como yo, estés enfrentando el dolor de un corazón roto; así que ¡bienvenida!, estás en el lugar correcto.

Notarás que en muchos fragmentos hablo en femenino; sin embargo, no es limitativo a mujeres. Este libro es para todo ser humano que esté pasando por el vacío que deja una decepción o fracaso amoroso. Confío en que el género de algunos adjetivos no evitará que toda persona que quiera sanar encuentre en estas páginas bálsamo para su corazón.

Este libro está dividido en dos partes poderosas que harán posible una gran transformación en ti:

Parte I: Lo peor que me ha pasado…

Tendrás que mirar hacia dentro para sanar y liberarte de confusiones, culpas y cargas que no te dejan avanzar. Aquello que tanto querías no fue y no será; es momento de sanar y sólo lo vas a lograr si te atreves a sentir. Yo iré contigo a cada paso, sólo necesito que seas valiente y que no te rajes cuando se trate de hacer los ejercicios prácticos. Este proceso requiere coraje porque vas a tener que sentir.

Parte II: … es lo mejor que me ha pasado

En esta parte experimentarás tu despertar de conciencia, desarrollarás una nueva forma de ver la vida, podrás reconciliarte contigo misma y mirar tu futuro como un lienzo en blanco donde tú y sólo tú serás la artista que diseñe intencionalmente su vida. Recuperarás tu poder y te reinventarás en quien siempre estuviste destinada a ser.

En estas páginas te dejo bien señalizados el mapa con los atajos y los callejones sin salida que he ido descubriendo durante los últimos ocho años. Mi misión es ayudarte, guiarte y compartirte valiosas lecciones, con toda la intención de que logres sanar tu corazón y recuperar tu autonomía mucho más rápido que yo.

Todas las historias que te cuento son para que las uses como espejo; saca el aprendizaje que hay detrás y aplícalo a tu propia historia.

Sé que el proceso puede ser pesado y es normal que te sientas en una montaña rusa de emociones; es por eso que preparé para ti recursos adicionales que podrás descargar gratis aquí:

www.estheriturralde.com/sindromedeuncorazonroto

Además, me encantaría que me etiquetes en redes sociales y me compartas tus reflexiones y experiencias mientras avanzas. Me encuentras fácilmente con mi nombre.

Con amor,

PARTE I
Lo peor que me ha pasado...

1

LA IMPORTANCIA DE SANAR TU CORAZÓN

Apenas nos estamos conociendo, y tal vez aún no me creas, pero entiendo perfecto cómo te sientes. Sé que es difícil de describir porque estás lidiando con un coctel de emociones, entre tristeza, melancolía, enojo, frustración, culpa y demás. Sé que te duele el corazón, y que quieres sanar, pero no sabes cómo. Yo en su momento tampoco lo sabía. Me sentía prisionera de las consecuencias de mis propias decisiones, no sabía para dónde correr. Pero no descansé hasta encontrar respuestas y la salida de una realidad que yo había creado y que no me gustaba.

Si estás aquí, sé que quieres sanar. Sin embargo, el proceso no va a ser sencillo. No será de un día a otro ni después de escuchar unas palabras mágicas. El proceso va a ser robusto y habrá mucha resistencia (es normal, a todos nos pasa). Así que primero que nada vamos a aclarar realmente por qué quieres sanar: eso te preparará para no claudicar.

¿Por qué es común sabotear el proceso cuando lo que más queremos en el mundo es sanar? ¡Porque nos aterra sentir!… Decimos que queremos sanar, pero en realidad nos conformamos con atajos o distracciones; en el camino estamos tentados a evadir las preguntas difíciles, los ejercicios que más nos retan, y terminamos dando más vueltas para postergar la llegada a la meta.

Cada uno de nosotros tiene la responsabilidad de sanar su propio corazón o de vivir con las repercusiones de seguir evadiendo sus emociones. Mi objetivo es que tomes el volante de tu vida y que vuelvas a ver el corto, mediano y largo plazo de tu futuro. Ya sé que quieres sanar, superar a tu "Ex" y regresar a sentirte "bien", pero casi podría asegurar que hasta que no dimensiones el *porqué* de esta complicada labor (sanar) serás víctima de tu propio sabotaje.

Te digo esto con toda la empatía del mundo porque recuerdo —como si hubiera sido ayer— que yo, cuando estaba en el fondo más profundo, al mismo tiempo que quería sanar mi corazón, tenía comportamientos que demostraban todo lo contrario: me obsesionaba con recuerdos, me martirizaba con canciones y cartas, y me enredaba en conversaciones sobreanalizando el pasado o lo último que veía en redes sociales. En vez de sanar, me revolcaba en cinco centímetros de lodo. Entonces, si vas a sanar, tienes que saber *por qué* es sumamente importante y crucial para tu futuro; comprender la relevancia del viaje que inicias ayudará a que no lo abandones. Créeme, tu mente racional necesita todo esto: sólo al entender podemos empezar a soltar.

Quiero que sepas que te entiendo y para nada creo que estés exagerando. Todo lo que estás viviendo es muy doloroso, complejo y determinante para tu futuro; sin embargo, como estás profundamente lastimada, mirar hacia delante con optimismo resulta casi imposible.

El dolor de un corazón roto es real. Tristemente vivimos en un mundo que trivializa las consecuencias de un fracaso romántico: nos invita a superarlo de un día a otro, comer helado para sentirnos mejor, ahogar las penas en alcohol, salir con alguien de inmediato con la idea de que "un clavo saca otro clavo", o sólo asumir que *el tiempo* sanará las heridas y un día —como un límite absurdo— nos diremos que "ya fue mucho tiempo como para seguir con lo mismo".

Creo fielmente que no podemos empezar a hablar de un tema tan denso y largo sin que me gane tu confianza, por lo que te revelaré mi propia historia. Te la iré contando por partes para que la uses como espejo, porque aquí el personaje principal eres tú.

Para mí, sanar no era negociable: necesitaba hacerlo para seguir siendo *Yo*. Me sentía completamente perdida y no me quería quedar así; anhelaba regresar a mi "normalidad", recuperar mi personalidad. La relación amorosa que me llevó a este punto duró cinco años, entre mis 25 y 30. En ese tiempo crucial se crearon un montón de códigos de significado respecto a mi valor y lo que me hacía especial. También, casi sin darme cuenta, hice un mapa mental de mi futuro, que partía de mis creencias en torno a lo que yo consideraba "merecer". Entonces, al terminar aquella relación, sufrí debido al tremendo apego que le tenía al futuro que había imaginado, a mi identidad y, claro, también a mi Ex.

Quizá tú pasaste por una pérdida dolorosa hace tiempo y no has sanado por completo, o quizá tu herida está al rojo vivo y no sabes qué hacer o cómo salir adelante. Quiero decirte que no estás sola con tu dolor. Parece que sí, pero hay huellas en el camino: yo estuve ahí y gracias a Dios hoy puedo decir que

> **Lo peor que me ha pasado es lo mejor que me ha pasado.**

Porque gracias a ello encontré mi verdadera vocación y ahora te puedo ayudar. Hoy tengo una conciencia despierta y estoy con el verdadero amor de mi vida.

Es muy importante que entiendas la dimensión del problema de un corazón roto y tengas claras las consecuencias. Mucha gente me escribe y me dice que no puede rehacer su vida a pesar de los años, que ha ido a terapias, psicólogos, psiquiatras, y, sin embargo, no logra salir del hoyo; constantemente pasa por bajones, recaídas o momentos durísimos de desvalorización y desamparo en los que su única opción es medicarse.

El trabajo de sanar un corazón es bastante vulnerable y los humanos nos resistimos mucho a sentirnos "mal". El dolor de enfrentar nuestros miedos e inseguridades nos lleva a hacernos las tres preguntas automáticas de todo humano en sufrimiento: ¿Qué tan intenso puede llegar a sentirse esto? ¿Cuánto tiempo voy a estar sintiéndome así? ¿Podré sobrevivir? Y, como no tenemos respuesta, imaginamos lo peor, empezamos a tener comportamientos erráticos, desesperados, humillantes o tóxicos, bajo la lógica de que ya no tenemos nada más que perder, pero...

66

Siempre hay algo más que perder.

99

Si no le das importancia necesaria y no te atreves realmente a mirar hacia dentro y sanar todas tus heridas, corres el riesgo de pasar tus días *sobreviviendo* más que viviendo, perder el potencial amoroso de tu vida, ir de relación tóxica en relación tóxica por miedo a quedarte sola o permanecer en un estado de indiferencia y desconexión por miedo a que te vuelvan a lastimar.

Cuando tenemos miedo a sentir evadimos por todos los medios la confrontación con verdades, recuerdos y humillaciones vividas. Evadir es completamente normal; de hecho, es motivado por nuestro instinto de supervivencia. Mi mayor misión con este libro es que te vuelvas experta en lo contrario, que te atrevas a "sentir".

El tiempo no sana

Si no hacemos nada por sanar y sólo dejamos que pasen las semanas, meses y años, el tiempo tan sólo terminará ocultando el polvo bajo la alfombra. El tiempo puede secar tus heridas y hacerte creer que duele menos o que ya no te afecta tanto... pero eso no quiere decir que hayas sanado; más bien refleja que has pasado tanto tiempo ahogando emociones densas dentro de ti que tu sistema nervioso se acostumbró a lidiar con ese estrés.

A todo nos podemos acostumbrar: también es un mecanismo de supervivencia. Pero piensa esto: cuando te preguntan "¿cómo estás?" y dices "bien", no estás tomando conciencia de las emociones realmente presentes en ti; sólo estás considerando si te sientes como normalmente te sientes. Eso quiere decir que lo que cada quien describe como "bien" depende de lo que cada sistema nervioso haya normalizado. Quizá lo que para ti es "bien" para otras personas es "muy mal". Puedes darte cuenta de que cada persona establece su normalidad a través de distintos niveles de tolerancia al dolor, rechazo, abandono, etcétera.

Aquí un escenario común que desgraciadamente suele considerarse un cliché: alguien que sabe que su pareja le es infiel desde hace años puede decir que está "bien", pero también alguien que se acaba de enterar de la infidelidad de su pareja puede sentirse en completo abandono y decir que "se siente muy mal".

Para explicar bien este punto te doy un ejemplo real. Una de mis clientas de *coaching* me narraba dinámicas de su matrimonio con un hombre sumamente narcisista y tóxico. Ella me decía, muy "sacada de onda", que parecía que su esposo se quería divorciar (ahora sí). Sin lágrimas me contaba que él la agredía constantemente, le gritaba si estaba de mal humor, le ordenaba que se callara cuando ella intentaba poner un límite sano o decir algo que le parecía importante, le decía que estaba gorda, sometía a sus hijos por cualquier tontería y encima la acusaba con los líderes de la Iglesia por no respetarlo. Cabe mencionar que ella cubría todos los gastos de la casa y que todas las tarjetas de crédito que él usaba estaban a nombre de ella. Mientras yo identificaba rápidamente un claro abuso emocional y psicológico, ella, que no se quería divorciar de este hombre narcisista, me decía: "Lo bueno es que ya no me afecta".

¡Pero por supuesto que la afectaba! Afectaba su día a día, su confianza personal, la relación con sus hijos, su economía, su salud… pero ya había pasado tanto tiempo que su sistema nervioso lo había normalizado. Eso no es ganancia, es alarmante. Me atrevo a decir que es mejor que el corazón roto "te duela mucho" a que deje de dolerte porque el tiempo ha logrado normalizarlo.

Podemos decir que con el paso del tiempo quizá el dolor baje, pero la resignación, el cinismo y la desesperanza seguirán presentes en tu vida; con la diferencia de que tu sistema nervioso lo habrá regulado haciéndote creer que estás "bien". Te invito a que reflexiones y escuches a tu alma; yo solamente soy un vehículo para mostrarte lo que puede pasar, pero en realidad es tu alma la que con gritos desesperados te pide que cures las heridas desde su raíz.

¿Cómo sabrás que has sanado? La clave más importante para concluir que lo has hecho es que puedas ver hacia atrás sintiendo paz, que puedas recordar todo lo que hoy te llena de tristeza, melancolía, culpa o rabia, y simplemente sientas emociones neutras. No tienes que sentir nada especial; algunas personas llegan a sentir mucha gratitud o una versión diferente del amor que sentían, reconociendo al Ex como un maestro de vida. Si puedes sentirte indiferente ante lo vivido, quiere decir que lo has superado de verdad. Otro indicador sería que puedas ver al futuro sin miedo, siendo capaz de soñar con tus propias metas sin que sea por competencia o venganza.

Por otro lado, está clarísimo que no has sanado si cada vez que te enteras de algo de tu Ex sientes que alguien te patea en el estómago, si cuando es su cumpleaños o la fecha del aniversario te deprimes otra vez, si no te emociona el futuro o no tienes metas, o si logras estar bien por un tiempo, pero te dan bajones inesperados.

En mi caso hubo un periodo en que, a pesar de que me sentía mejor y estaba trabajando por salir adelante con la mejor intención, una parte dentro de mí no dejaba de competir con mi Ex. Quería desesperadamente que, por lo menos, después de tanto rechazo y experiencias desagradables, me fuera "mejor que a él". Quizá era una especie de venganza, quizá quería que se arrepintiera para ahora rechazarlo yo, o quizá trataba de demostrarme a mí misma que no era tan desechable como alguna vez me sentí. Tuve que ser sumamente honesta para darme cuenta de que esto también era una señal de que no había sanado.

No dejes que el tiempo te cauterice

No estás sola en el proceso de entender la montaña rusa de emociones que viene con una decepción amorosa. Conforme vayas leyendo este libro y reflexiones en los escenarios que te voy a explicar, empezarás a sanar tus heridas porque se generará un proceso cognitivo y empático sumamente transformador que funcionará como "espejo y ventana" para tu caso particular.

- El **espejo** nos muestra cosas que no hemos visto: nos identificamos y dejamos de sentirnos solos, raros o dramáticos.
- La **ventana** nos muestra lo que es posible del otro lado de nuestras resistencias: si es posible para alguien más, también es posible para nosotros y podemos saltar a través de ella con ese valor contagiado.

Todo lo que te digo es porque yo misma pasé por un proceso de reinvención que inició con el deseo de sanar mi corazón roto. Conozco perfectamente y de primera mano el camino que lleva a sanar un corazón, no sólo por mis estudios de comportamiento humano o mi experiencia como *life coach* espiritual: lo que de verdad me da experiencia en este tema es que pasé por ahí, por esa vereda torcida, por el laberinto emocional por el cual transitamos las personas que sufrimos por una decepción amorosa. He padecido esa confusión, he rogado por regresar con mi Ex —a pesar de saber que mi relación me hacía daño—, he idealizado la dinámica tóxica de codependencia, he vivido la decadencia y el enfriamiento de una relación, me he peleado por detalles insignificantes y también por valores fundamentales, he odiado e idealizado a mi Ex, he intentado sacar un clavo con otro clavo, he tratado de chantajear sentimentalmente, me he humillado con tal de recibir migajas, he buscado consejo sin encontrar quién entienda lo que siento y he tenido noches de insomnio aterrorizada por la incertidumbre del futuro.

Me acuerdo perfecto de que en esos días le pedía a Dios: "Regrésame a mi Ex, acomoda todo en su lugar para que podamos estar juntos", "No permitas que conozca a nadie más para que regrese a buscarme" o "Preséntame ya a esa persona *mejor* que tienes para mí". La realidad es que los humanos anhelamos conectar, y la conexión de pareja es maravillosa y supervaliosa para nuestra vida; sin embargo, en mi camino me di cuenta de que para poder fluir con otra persona primero debemos fluir internamente, y cuando nos saltamos ese paso es cuando se genera todo tipo de expectativas y terminamos en una relación codependiente.

Ser codependiente no es necesariamente una característica tuya. Todos los humanos somos codependientes si no hacemos un esfuerzo intencional por no serlo. Es decir, ser codependiente es el común denominador. ¿Por qué? Porque todos crecimos y sufrimos diferentes heridas que forjaron nuestros miedos y nuestras inseguridades, y de ahí viene la idea de que "quizá haya algo malo en nosotros" y queremos llenar el hueco que sentimos dentro con la validación, la aceptación y el amor de alguien más.

La idea profunda de que quizá nosotros estamos dañados se refuerza con palabras, dinámicas o experiencias: si escuchaste alguna vez que eres muy dramática, si te han llamado emocional, exagerada, repetitiva, bipolar, etcétera, seguramente eso ha impactado tu autoestima; si te engañaron, te mintieron o te fueron infiel, seguramente afectaron tu confianza y tu amor propio; si han criticado tu físico o tu personalidad, seguramente dentro de ti crees que no eres suficiente.

Además, las heridas del rechazo amoroso refuerzan la profundidad de las heridas de la infancia; desde entonces arrastramos heridas superfuertes que se reafirman y confirman una y otra vez. Es importante aclarar que no me refiero a que tu infancia haya sido "buena" o "mala", porque tooodos, todos, sufrimos heridas que nos hicieron generar códigos de significado negativo. Por el momento no vamos a ahondar en eso (lo haremos más adelante), pero es importante que sepas que todos —tú, yo y aun tu Ex— tenemos heridas que nos hacen crear máscaras y protectores. Actuamos con la inmadurez natural de un niño porque desde ahí creamos los códigos que dicen "inseguridad", "vulnerabilidad", "peligro", "caos", "huye o cambia para que te amen"…

Entonces cuando sufrimos una decepción amorosa hay un peligro gigante de perpetuar síntomas de depresión, tristeza, enojo, culpa, reproches, autoestima destruida, etcétera, y eso es superpeligroso para tu salud... Si batallas con inestabilidad emocional y generalmente te sientes con una frecuencia muy baja, tu sistema inmune se debilita y eres propensa a enfermedades crónicas como cáncer, hipertensión o diabetes.

Por otro lado, empiezas a torcer tu personalidad y a actuar diferente a tu esencia; muere tu vida social, tu sentido del humor, tu capacidad de resolver problemas, tu creatividad, tu ambición o tu amor propio. Y puedes caer en emociones o tendencias destructivas como ansiedad, depresión, ataques de pánico, insomnio, cansancio crónico, falta de energía o adicciones no sólo a las drogas o al alcohol, sino a cosas quizá más sutiles pero igual de peligrosas como el cigarro, la comida, las dietas, redes sociales, pornografía, etcétera.

Y en cuanto a la pareja puedes polarizarte en uno de dos escenarios: *1)* quedarte sola conformándote con placebos y relaciones pasajeras que no trasciendan o *2)* aceptar relaciones destructivas que terminen con lo que quede de tu amor propio (aquí entra el abuso sexual, verbal, emocional o psicológico).

Por algún tiempo llegué a pensar que mi situación era tan triste, tan dura, tan cruel... que nadie me podía entender. Quizá tú te sientas igual, quizá pienses que tu caso es tan particular que no hay cómo salir de ahí, pero ¿sabes qué? Si quieres amar y ser correspondida, si quieres sanar y cambiar la página de *lo que no fue* para poder alinearte con un futuro alentador, nuestras historias no son diferentes, estás en la misma búsqueda. Tu historia no es más difícil ni eres caso perdido. Todo radica en tu capacidad de valorarte y de darles la debida importancia a tus emociones.

A partir de ahora no cometas el error de escuchar esos consejos que te dicen "piensa en otra cosa", "el tiempo lo sana todo", "distráete", "supéralo ya", "sal con alguien más"... Todas esas invitaciones son a cicatrizar tus heridas sin desinfectarlas, a no procesar e ignorar tu corazón herido. Créeme, tus sentimientos importan porque es tu alma la que te está hablando de una necesidad que viene de muy profundo. Eres tú quien decide si te toca sanar tu corazón, trascender las experiencias dolorosas y poder seguir tu vida, enamorarte y alinearte en un futuro increíble, o ser un número más entre las personas que no sanan, que van de relación en relación sufriendo, siendo codependientes, luchando con infidelidad, desconexión, mala comunicación, etcétera.

En este momento quiero que te preguntes: ¿vales el esfuerzo? Si aún no superas a tu Ex, ya sea porque acaban de cortar o porque, a pesar de que ya pasó tiempo, aún estás herida, vas a tener que procesar, sanar, perdonar y trascender. Sólo así vas a dejar de arrastrar toda esta mugre emocional a tu siguiente relación (algo que quizá ya has hecho).

EJERCICIO PRÁCTICO

Es momento de que generes un espacio seguro para sincerarte contigo y empezar tu proceso de sanación. Busca un cuaderno y dedícalo exclusivamente a las reflexiones que surjan de este libro. Este cuaderno será para ti, para que documentes tu transformación. Y créeme: este cuaderno será tu trofeo y la evidencia de tu fidelidad y la de Dios al transformar todo este dolor en algo bueno. Responde las siguientes preguntas:

- ¿Qué síntomas has visto en tu vida como consecuencia de no sanar tu corazón?

- ¿Cuáles son esas emociones que ahogas dentro de ti por no saber qué hacer con ellas?

Hoy puede parecer un camino imposible, pero yo te voy a guiar a desarrollar una conexión espiritual, y una conexión contigo para que entonces, desde un lugar nuevo de amor propio, sin ansiedad y con toda claridad, puedas amar a otra persona que esté alineada con tu corazón. Esa persona existe y es para ti, pero te toca sanar para poder entregar un amor sin prejuicios ni dolores preexistentes.

A pesar de lo complicada que se vea tu vida hoy tienes la oportunidad de dar un volantazo y cambiar el rumbo; puedes tomar el control y sanar, de forma que generes la posibilidad de alcanzar el futuro que te gustaría para tu vida. Lo mejor es que todo empieza en tu mente, así que, si no tienes dinero, tiempo, o no sientes apoyo de nadie ante tus responsabilidades, de todos modos puedes hacerlo. El primer paso es el más importante: tienes que "darte cuenta". Darte cuenta de que tu corazón te necesita a ti, no a tu Ex. Y quiero recalcar esto porque muchas veces cuando estamos deprimidos, tristes o enojados perdemos la perspectiva de lo que de verdad importa… Nosotros.

En este momento debes tomar la responsabilidad de sanar tu corazón, porque si no haces un compromiso real e intencional, podrías caer en la desgracia de perpetuar tus síntomas. Esto quiere decir que no sólo será una etapa de tu vida, sino que el dolor persistirá hasta que te acostumbres. Seguramente conoces personas que se quedaron con un dolor del pasado y que con el paso de los años se volvió tan enraizado que forma parte de su personalidad: las llamamos "amargadas".

Tenemos que empezar por lograr claridad. Primero que nada, no fue tu culpa ni tampoco eres la víctima: las relaciones se rompen desde dos partes. Vamos a identificar dónde estuvieron los síntomas para que puedas entender cómo se dio este rompimiento.

EJERCICIO PRÁCTICO

Seguramente viste muchos focos rojos en tu relación antes de que terminara, pero no quisiste tratar con ellos. Muchas veces, cuando nos peleamos por todo, empezamos a querer llevar la fiesta en paz o deseamos no arruinar el día, o incluso no queremos incomodar más al otro por miedo a que nos deje; así que callamos, nos hacemos de la vista gorda y dejamos pasar las señales de alarma.

Éste es el momento de recordar y hacer una lista larga para que, cada vez que quieras regresar con tu Ex o te enfrasques en alguna pelea o discusión, recurras a ella y recuperes la perspectiva real de por qué estás aquí.

Comienza escribiendo: "Me atrevo a ver hoy lo que no quise ver antes".

La vida es muy corta: cambia tu guion y sé quien quieres ser

Seguramente has visto esas películas que te atrapan el corazón con una historia donde el personaje principal se atreve a salir del hoyo, y por más que sus circunstancias sean muy adversas, lo logra e inspira tanto al espectador que éste celebra emocionado.

Bueno, pues ahora es tu turno: estás en ese momento de la película donde tú, el personaje principal, estás pasando por un reto muy duro. ¿Qué vas a hacer? ¿Vas a salir de ahí o vas a vivir una película aburrida donde el héroe no es héroe?

Tienes el control de ponerle un alto a esta caída libre y empezar a escalar para salir del pozo. Si no lo haces, aun cuando creas que ya tocaste fondo, te darás cuenta de que siempre hay "más abajo", que siempre hay un peor escenario y que siempre tendrás más que perder a pesar de que creas que ya no hay nada.

 Advertencia: Vas a tener que ser muy valiente.

No es un proceso fácil, es un proceso superfuerte y vulnerable, pero una vez que te adentres en ese trayecto te darás cuenta de que el viaje es increíble para fortalecer tu amor propio; te darás ese espacio y tiempo para ser, sentir y procesar cada cosa por su propio peso e importancia.

Si metafóricamente me tomas de la mano en los capítulos que siguen, vas a disfrutar el camino; será como un sabor nuevo que jamás hayas probado, porque, aunque parezca que la meta es sentirte "bien" y superar al Ex, vamos a ir mucho más lejos, tanto que si te lo digo ahora, no me lo creerás.

Hay muchas metas en el camino. Antes de cortar yo tenía una vida promedio; la verdad mi panorama era mediocre, pero para mí resultaba normal. Cuando terminó mi relación con mi Ex y me hundí en la tristeza, comencé a idealizar el pasado y me sentí muy culpable por haber arruinado el futuro que tanto había visualizado.

Yo me fui al hoyo, y con ello todo lo demás.

Cuando empecé a sanar nada me importaba más que sentirme mejor: con no tener ansiedad y taquicardia constantemente me daba por bien servida. En ese momento me encontraba sin sueños.

El proceso comenzó, y al sanar me empezaron a regresar, como olas, las ganas de acercarme a Dios primero, y después las ganas de ser auténtica en mis relaciones con los demás, de tener un negocio exitoso, de diseñar, de salir con mis amigos, de reír, de independizarme, de viajar... Y mucho más rápido de lo que me imaginé se me empezaron a abrir las puertas. Empecé a recordar lo que era sentirme YO MISMA.

A pesar de no haber sanado por completo, el camino era muy agradable: ese camino es mi historia, y tú te estás enfrentando a lo mismo. Créeme, esto no es algo que quieras evadir, saltar o pasar como en cámara rápida.

Finalmente descubrí que yo soy la heroína de mi historia y mi lucha le da tono, color y sentido a todo lo que enfrento.

Y así será contigo si tú quieres.

Tú eres ese personaje principal, el único que puede darle a esta historia un quiebre inaudito.

EJERCICIO PRÁCTICO

Imagina de verdad que estás viendo tu situación en la pantalla grande. ¿Qué sientes por ese personaje que eres tú? ¿Qué esperas de ella? ¿Qué crees que debe hacer? ¿Cómo crees que reaccione ante la adversidad? ¿Va a salir de ahí?

Escribes tu historia con cada decisión que tomas

Diario te acercas o te alejas de tus sueños conforme te atreves a mirar hacia dentro y enfrentas la realidad que vives hoy.

Si sientes que no tienes fuerzas de pensar siquiera en esa historia, no te preocupes, nadie te está correteando, atrévete a observar sin juzgarte. Date un espacio seguro para sentir un poco de amor propio. En ese amor propio está la posibilidad de que saques fuerzas de donde parece no haber.

Si sientes que estás tan herida que te quieres quedar ahí... truena los dedos y ¡despierta! Ésa es una mentira del enemigo de tu alma, no te dejes desviar. Si sientes que no tienes alma de heroína, quiero darte un mensaje de Dios: todos los sueños que tengas guardados en lo más profundo fueron puestos ahí por Él, no se te ocurrieron a ti. Así que atrévete y ábrete a la posibilidad de tener un propósito de vida.

Y si crees que es más fácil lamerte las heridas, platicando por aquí y por allá con la gente que te rodea, simplemente acuérdate de que vida sólo hay una. Debes valorarte, darle la importancia que merece a tu corazón y hacer el trabajo que se requiere. Ten cuidado y procura que tus confidentes sean personas con amor propio, una conexión espiritual y una relación amorosa sana.

Prepara las maletas que el viaje comienza ahora. Últimos consejos antes de empezar:

- Si no hiciste los ejercicios, hazte un favor y regresa a ellos. Escribir es curativo y no funciona igual si sólo lo piensas. Te lo recalco: reflexionar en tu mente NO será suficiente.
- Durante este tiempo procura no perpetuar conversaciones tóxicas (no les cuentes a tus amigos, familia, gente de la oficina y demás la última noticia de tu Ex ni nada así). Tu lengua es una espada y nuestras palabras tienen poder que se refleja tangiblemente en nuestro estado emocional, y si te enganchas en esas conversaciones eternas y nefastas vas a sentir un bajón que hará el proceso más retador.

EJERCICIO PRÁCTICO

¿Qué haría de esta historia una gran historia de redención? ¿Qué características de tu esencia quieres recuperar? ¿Te acuerdas de cómo eras antes cuando te sentías "bien"?

Advertencia: Si has sido herida por alguna religión, quizá te repele escuchar de Dios o de la Biblia. Quiero que sepas que yo no tengo religión, más bien soy sumamente espiritual. Creo en Dios y me gusta mucho la sabiduría que he encontrado en la Biblia; muchos versículos que hoy me hacen sentido, cuando era católica o aun cuando me convertí al cristianismo nunca los entendí a profundidad; seguramente porque no estaba lista para ello. Es muy interesante poder escuchar o leer algo que ya conocemos, pero entenderlo desde otro nivel de madurez y de conciencia. Date la oportunidad de ser sorprendida a través de una perspectiva nueva.

Si eres parte de una religión y te asusta hablar de vibración, energía o leyes universales, también abre tu mente. Vivimos en un universo creado por la misma fuerza creadora que te hizo a ti; este universo está regido por leyes universales físicas y en la Tierra todo es energía en constante expansión; si todo esto es muy nuevo para ti, regálate la posibilidad de aprender algo nuevo sin juzgarlo.

2

¿POR QUÉ DUELE TANTO EL RECHAZO AMOROSO?

El rechazo amoroso le pega directo a nuestro sentido de autovalía y merecimiento. La pareja es quien ve más de cerca nuestra vulnerabilidad, nuestra desnudez física y emocional, quien tiene más oportunidad de validar nuestra manera de ser y amar, quien siente atracción o no por nuestro cuerpo o personalidad, y quien al final quiere o no pasar su tiempo con nosotros. El rechazo o abandono amoroso impacta en nuestra confianza interior y capacidad de creer que somos valiosos y más que suficientes.

El dolor de este tipo de fracaso es muy fuerte, y por más que analizamos nuestra situación nos frustra darnos cuenta de que la mente racional, con toda su lógica, no logra liberarnos a nivel energético ni emocional ni espiritual.

En esos momentos de dolor, a pesar de entender racionalmente que "no funcionó", que "a mucha gente le pasa" y que "podemos rehacer nuestra vida", activamente mantenemos un ciclo de preguntas sin respuestas como "¿por qué no lo supero?", "¿por qué no puedo hablar de otra cosa?", "¿por qué a mí?", "¿por qué siempre me pasa esto?", "¿por qué no puedo olvidarlo?", "¿por qué nadie me entiende?", "¿por qué nunca consigo lo que quiero?"… Y entramos en un patrón de desvalorización y victimismo.

Antes de seguir adelante tienes que entender que todas las emociones se generan a través de lo que te permites pensar continuamente: si te haces preguntas como las que acabo de mencionar, tú misma estás creando y luego perpetuando emociones de baja vibración; es decir, tú misma estas provocando "sentirte mal".

Dicho esto, el problema no es que sientas dolor; sentir dolor tras una pérdida importante es lo más natural. El problema es que a través de los pensamientos tóxicos repetitivos estás creando más y más emociones densas, y al hacerlo te resistes, no quieres sentirlas y las ignoras o evades, lo que provoca que se intensifiquen aún más.

Sólo puedes sanar cuando te permites sentir las emociones que ya están en ti. Piénsalo: cuando en la vida pasamos por momentos de decepción, frustración o fracaso, es completamente normal sentir emociones coherentes con lo que estamos viviendo, no podemos negarlas, y evadirlas puede ser un trabajo de tiempo completo. El fracaso amoroso ya está, tu corazón ya está roto, las emociones densas ya están inundando tu sistema nervioso… la única salida es empezar a sentir esas emociones que, aunque no nos gusten, ya existen y hay que liberarlas para poder paulatinamente pensar diferente. Sólo entonces podrás también sentir diferente.

Ahora que ya me cachaste una verdad fundamental, tienes que saber que no hay respuestas cortas para el corazón, esto

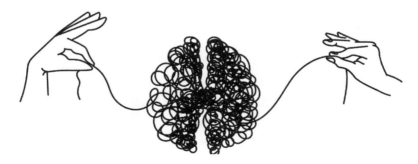

no es una receta instantánea. Llevas tanto tiempo ahogando emociones que tenemos que escudriñar tus recuerdos, y a través de la reflexión daremos contexto y voz a todas las emociones que has ignorado.

Todo lo que no quieres sentir lo perpetúas.

Parteaguas y síntomas

Vamos a empezar a desenredar esa maraña de situaciones, problemas, pleitos y todo aquello que sucedió en tu relación y que todavía acecha constantemente en tu mente. Tenemos que hacer esto para lograr claridad, entender qué fue lo que pasó y poder seguir adelante cambiando el diálogo tóxico que le da vueltas al pasado sin llegar a nada.

Es importante desahogarnos y sacar de manera ordenada todo lo que estamos pensando, como si en nuestra mente de verdad tuviéramos una bola de estambre enredada y quisiéramos convertirla en un suéter.

Todo lo que pase por tu mente repetidamente bajará a tu cuerpo con una sensación congruente; ésa es la razón por la cual batallas con ansiedad, tristeza, amargura, enojo, melancolía; es una consecuencia directa de lo que estás pensando. La clave será que dejemos de pensar en círculos obsesivos y erráticos. Es momento de que comencemos a desenredar la historia.

Por ejemplo, si pienso en un escenario peligroso en mi propia casa, escucho ruidos y me imagino que hay un ladrón o varios entrando por la ventana… ¡Exacto! Sólo de escribirlo ya sentí tensión en mi cuello, se aceleró mi corazón, tengo un hueco en el estómago y siento ¡miedo! Si me pongo a leer *50 Shades of Gray* y me clavo en las escenas eróticas que se relatan en ese libro, me voy a emocionar, me voy a sentir intrigada, con mariposas en la panza, y, me guste o no el género literario, si me permito imaginarlo y pensar en ello, siento **excitación.**

> 66
>
> *Voilà!* Lo que te permites pensar baja a tu cuerpo en forma de emociones.
>
> 99

Cuando corté con mi Ex me pasaba horas y horas obsesionada con recuerdos y pensamientos tóxicos; revivía peleas, releía cartas románticas, emails viejos, mensajes de texto, tanto de momentos bonitos como de discusiones, y pasaba de la tristeza a la culpa, luego a la melancolía, al desamparo, al abandono, a la frustración, al miedo, a la nostalgia… Llegaba a vibrar tan bajo que tenía un nudo en la garganta permanentemente. No tenía nada de hambre, me sentía débil, sin fuerza en las piernas al caminar. Era impactante la intensidad de lo que sentía; jamás había tenido una sensación "fea". Además, todo se volvía un ciclo porque pensaba cosas como "no puedo con esto", "tengo miedo", "no puedo estar sola", "no hay salida", "así no quiero nada", "perdí al amor de mi vida", "todo fue mi culpa", "me equivoqué", etcétera. Imagínate, ¡así no podía hacer nada!

Algo que no te he contado aún es que tres años antes de mi rompimiento amoroso había lanzado mi propio despacho de diseño. Trabajé mucho para conseguir clientes y en esta etapa tan dura tiré todo por la borda; no tenía capacidad ni energía para mantenerlo a flote. Nadie se dio cuenta porque aparentaba que todo estaba bien, pero la realidad era que sólo era un fantasma sin ningún proyecto. Me tiré a la mierda por un buen rato, porque a pesar de lo que sentía, me resistía a las emociones; utilizaba la poca energía que tenía para aguantarme las ganas de llorar; empecé a tomar pastillas para dormir que no me funcionaban y me la pasaba fumando para distraerme. No sé qué hubiera hecho sin mi familia, en particular mi mamá, mi hermana y mis grandes amigos que me escuchaban hasta el cansancio (literalmente).

Te cuento estas historias porque sé que quizá tú también te sientas en un ciclo tóxico sin salida y te estés resistiendo a sentir sin darte cuenta. Cuando les damos vueltas a los mismos temas es porque de alguna manera creemos que vamos a lograr entender algo que nos liberará de sentirnos así. Pero el alivio realmente vendrá sólo cuando dejes de resistir y empieces a poner atención a las emociones que ya están en ti y necesitan fluir para ser liberadas.

¿Entonces se trata sólo de sentir las emociones? Sí y no… **Sí** porque al sentir liberamos; de eso no hay duda. Y **no** porque si te dejo con eso me vas a matar. Sentir es muy difícil, sobre todo cuando nadie nos ha enseñado a hacerlo. Cuando se presentan emociones difíciles (como te mencioné en el capítulo pasado), tu cerebro inmediatamente entra en "modo huida" porque se pregunta tres cosas casi de inmediato: ¿qué tan intenso puede llegar a sentirse esto?, ¿cuánto tiempo voy a estar sintiéndome así?, y ¿podré sobrevivir a esto? Estas preguntas nos dejan en completa incertidumbre porque no sabemos la respuesta; nos da tanto miedo lo desconocido que inmediatamente queremos regresar al pasado y decidimos que lo mejor es volver a intentarlo, regresar, dar otra oportunidad…

> **Vamos a desmenuzar todo aquello que nos impide avanzar con este camino tortuoso de sentir - sanar - superar al Ex.**

Soltar es difícil porque tenemos la esperanza de que las cosas aún se arreglen. No sé si sea tu caso, pero es probable que haya momentos donde aparentemente quisieras regresar con tu Ex. Por más que sepas que no funcionan juntos, es mucho más tentador volver a algo que ya conoces; tu sistema nervioso ya sabe a qué se atiene y no tiene que lidiar con la incertidumbre de un futuro.

Tu sabiduría interior te dice	Tu mente llena de paradigmas limitantes contesta
Vas a estar bien	¿Y si no?
Por supuesto que puedes con esto	¿Y si no?
Vas a encontrar un nuevo amor	¿Y si no?
Vas a ser feliz	¿Y si no?

Para cambiar ese "¿y si no?" automático de tu mente primero tenemos que desahogar el conflicto emocional que sucede dentro de nosotros ante la pérdida. Mantenemos un apego muy fuerte en varios niveles de conexión con nuestro Ex, y por eso, aunque probablemente quieras ser positiva, dentro de ti subsisten demasiadas dudas.

- **Conexión racional:** conectamos con maneras de pensar, valores, ideales, intereses, *hobbies*, sentido del humor; hacemos planes y nos ponemos metas juntos.
- **Conexión emocional:** sentimos mucho amor, atracción, respeto, admiración, y al ser correspondidos nos comunicamos intencionalmente múltiples promesas y creamos **lazos de alma**.
- **Conexión espiritual:** nos unimos en uno solo a través de la intimidad; a través de la sexualidad integramos nuestros cuerpos energéticos y nuestros espíritus se conectan.

Los tipos de duelo amoroso

El duelo es el proceso de adaptación que sigue a cualquier pérdida. Particularmente el duelo amoroso es considerado como uno de los más dolorosos, ya que se da en tres niveles simultáneamente:

El duelo racional

Cuando termina una relación, sobre todo cuando fue una relación larga, quizá consideras que tu Ex, a pesar de todos los problemas que tuvieron, es una buena persona (la excepción sería si en la relación hubo abuso de cualquier tipo y fuiste víctima de manipulación).

Te enfrentas a perder toda esa conexión hermosa y todo lo que imaginaste que ocurriría en tu futuro. De repente nos quedamos a la deriva, sin identidad, sin saber quiénes somos sin el otro, sin tener claro qué queremos ni para qué nos estamos esforzando tanto.

Cuando amamos a alguien con quien tenemos una buena conexión racional no podemos evitar imaginar o visualizar nuestro futuro: la casa, la boda, el proyecto, el negocio, los hijos, el viaje... Cuando la relación se acaba nos quedamos en el limbo, sale una persona muy importante de nuestra vida y hay un abandono que genera un vacío muy grande.

Racionalmente entendemos que quizá el amor se acabó, dejó de haber química sexual, alguien se enamoró de alguien más, la relación no funcionaba, ya peleaban mucho, no eran compatibles como pareja, etcétera. Pero si estás leyendo este libro muy probablemente no has podido sanar sólo con esa información, porque entender desde la razón que se acabó no sana tu corazón.

Recuerdo muy bien que yo me sentía abrumada: si me atrevía a soltar a mi Ex, automáticamente le estaba diciendo *adiós* a la versión de mí que había visualizado con un futuro bonito, mientras la versión que se quedaba no tenía sentido. Sentía como si se me cerrara el mundo, como si se acabaran las posibilidades y todo se quedara negro en mi mente llenándome de miedo hacia el futuro. Como consecuencia, mi mente racional se aferraba más a pensar cómo hacerle para regresar con mi Ex.

Recuerdo que tuve una noche de insomnio durísima donde la ansiedad y el miedo de enfrentar mi vida me llevó a escribirle una carta. Esa carta era larguísima y en ella básicamente le proponía planes para volver, aceptaba y defendía su perspectiva de todos nuestros problemas, y le daba gusto en todo lo que alguna vez rechacé en la relación. En corto, doblé las manos en todos los aspectos, me puse de tapete y le prometí hacer todo lo que estuviera a mi alcance para ser quien él necesitaba como pareja... Ugh. Estaba lista para venderle mi alma al diablo.

A la mañana siguiente fui a su casa temprano y prácticamente lo obligué a que escuchara mi carta mientras yo, con lágrimas en los ojos, se la leía en voz alta. Puse toda la carne en el asador ese día; me mostré más vulnerable que nunca pensando que ya no tenía nada que perder y salí aún más lastimada, humillada y rechazada.

Por desgracia, la mente racional no es suficiente para guiarnos a soltar; yo usé la mía para tratar de "defender mi caso". Lo cierto es que nos puede llevar a humillarnos, rogar y desvalorarnos más ante el otro si ya hemos llegado a un estado emocional denso, fatalista y desesperado. ¿Cómo podemos pensar "bien" si nos sentimos morir?

El duelo emocional

La forma que más usamos para expresar nuestras emociones es la palabra, y, créeme, las palabras —que traen intención— no se las lleva el viento… ni el tiempo.

¿Por qué es tan importante la intención detrás de nuestras palabras? Cuando dices algo con un objetivo claro, tus palabras tienen un poder muy especial; cuando realmente decimos algo cargado de determinación, certeza y emoción logramos penetrar mentes y llegar al corazón —tanto el propio como el ajeno—. Por ejemplo, ¿alguna vez alguien te ha dicho algo con la intención de lastimarte? Duele, y nos saca de onda lo que dice, pero lo que más nos lastima es que percibimos la intención. Por el contrario, cuando alguien nos lastima "sin querer" es mucho más fácil dejar pasar la ofensa porque, aunque duele, nuestro corazón percibe que no fue intencional, no fue personal.

Ahora, si consideramos que todos los seres humanos tenemos el deseo nato de amar y ser amados, imagínate qué sucede en nosotros cuando alguien nos dice que "nos ama" lleno de intención, determinación, certeza y emoción. Si el sentimiento es mutuo, esas palabras penetran nuestra mente racional y llegan directo al alma; nos sentimos vistos, comprendidos, recibidos, y todo en nuestra vida se tiñe de amor.

Creamos **lazos de alma** a través de esas palabras, que llegaron cargadas de intención creando una historia de amor a la que nos apegamos naturalmente.

Cuando una relación termina, nuestra mente racional podrá quejarse, pero al final entiende los hechos, son los lazos de alma los que hacen que todo dentro de nosotros se desgarre, se sienta vacío y entremos en confusión, negación y desesperación.

Nos dicen "entiéndelo", aunque no se trate de entender. No somos tontos: entendemos que no nos quieren, entendemos que no funciona, entendemos que se acabó la relación, entendemos que debemos soltar. El tema es que a nivel alma hay lazos fuertísimos que crean una contradicción difícil de resolver entre lo que sabemos y lo que sentimos. Los lazos de alma se crean con promesas o decretos hechos con toda la intención. Hay de varios tipos; te muestro algunos ejemplos para que los identifiques:

- **Las promesas que hizo tu Ex:** "te amo", "eres lo máximo en mi vida", "siempre te voy a amar", "no hay nadie para mí más que tú", "eres mi alma gemela", "no quiero perderte de nuevo", "siempre estaré a tu lado", "haremos una vida juntos", "eres lo que siempre soñé".

- **Las promesas que tú le hiciste a tu Ex:** "sin ti me muero", "sin ti no podría", "nunca amaré a nadie más", "contigo hasta la muerte", "no tengo ojos para nadie más", "siempre estaré para ti", "Dios te trajo a mi vida".

- **Las promesas que te hiciste a ti mismo:** "voy a ser la mejor novia/esposa", "estoy segura de que con esa persona me caso", "voy a amar a esa persona más que nadie", "voy a ser de cierta manera con esa persona", "voy a poner todo de mí", "voy a demostrarle tantas cosas", "haré feliz a esa persona".

- **Las promesas que le hiciste a Dios:** "seré la mejor compañera para esa persona", "sólo tendré relaciones sexuales con esa persona", "si me lo regresas nunca más te pediré nada", "si me da una oportunidad más no me quejaré de nada nunca más", "estaré a su lado en las buenas y en las malas", "a pesar de cualquier cosa estaré a su lado".

Ojo, las promesas son parte de las relaciones porque las usamos para expresar lo que sentimos, y eso no tiene nada de malo (excepto las que son extremadamente codependientes como "sin ti no quiero vivir"). Muchos de estos enunciados surgen orgánicamente en el flujo del dar y recibir amor y de querer abrirnos vulnerablemente con el otro; los decimos porque nos ayudan a comunicar y compartir nuestros sentimientos más intensos (a excepción de la gente mentirosa, pero ahí la intención no es expresar amor, sino engañar, convencer, chantajear, manipular; y quizá no has sido capaz de escuchar tu intuición que te muestra la diferencia).

¿Entonces no le puedo prometer nada a nadie para no crear lazos? No se trata de eso. Lo que quiero que quede claro es "por qué duele tanto".

Las palabras tienen tanto poder que, de hecho, la Biblia dice:

> 66
> **La lengua es una espada de doble filo, puede ser usada para construir y para destruir...**
> **SANTIAGO 3:1-12**
> 99

Advertencia: Creo en Dios con todo mi corazón. Me gusta mucho la sabiduría de la Biblia y te compartiré varios versos que me ayudaron a entender. Pero no soy experta en teología, no pertenezco a ninguna religión ni quiero convencerte de que creas lo mismo que yo.

Todas las promesas cargadas de emociones fuertes generan lazos de alma que no se rompen sólo por cortar, terminar o divorciarse; esos lazos se rompen cuando de verdad le metemos conciencia, los identificamos y los empezamos a soltar, romper y cancelar de la misma manera como los creamos. Usaste tu espada (tus palabras) para "construir" lazos; ahora usa tu espada para "destruirlos".

EJERCICIO PRÁCTICO

En tu cuaderno haz un inventario de todas las promesas hechas y recibidas (en todas las direcciones que recuerdes). Puede tomarte un par de días hacer este ejercicio si te sientes muy débil para recordarlas, pero no lo postergues mucho ni te saltes este ejercicio, ya que todo lo que te guío a hacer tiene un efecto cumulativo, y si lo eludes no verás grandes resultados.

Ya que tengas tus listas, toca romper una por una esas promesas, cancelar conscientemente lo que significaron en su momento y terminar su vigencia. Asegúrate de hacer esto cuando estés en un espacio seguro, íntimo, donde nadie te escuche ni te interrumpa.

Vas a entender en carne propia el versículo que te puse arriba: así como puedes construir fuertes lazos con tus palabras intencionadas (la lengua es una espada) también puedes cancelar lo que construiste (ahí está el doble filo).

No puedes cancelar lo que no has identificado, así que no lo sobreanalices: saca tu cuaderno y empieza a hacer tu lista. De antemano te digo que esta parte va a doler, se va a sentir "feo", te vas a resistir, te va a dar tristeza o nostalgia, pero te va a liberar… De que funciona, funciona.

Rompe cada una de las promesas que identifiques: individualmente, verbalmente, audiblemente, y métele intención. **La intención es** liberarte, soltarte, seguir con tu vida. Si aún quieres regresar con tu Ex, esto te va a doler horrores. Es normal: ¿te acuerdas de que se trata de sentir? Créeme, te vas a sentir mucho mejor después, pero debes hacerlo varias veces hasta que notes que ya puedes romper las promesas sin llorar o sin desbordarte.

Si no se te ocurre cómo empezar, guíate con este ejemplo:

- Identifica el lazo: "Me dijo que me amaría siempre".
- Corta el lazo: "_____ me dijo que me amaría siempre, pero en este momento rompo esta promesa, lo dejo libre, declaro que ya no es vigente, que ya no significa nada, suelto el apego a que esta promesa siga siendo verdad".

El duelo espiritual

Cuando nos unimos con otra persona íntimamente a través de la sexualidad, integramos nuestros cuerpos energéticos y creamos contratos espirituales.

Déjame primero explicarte cómo funcionan tus capas de manera supersencilla. **Lo tangible**, tu cuerpo de carne y hueso es el vehículo que usas en tu experiencia física; sin embargo, ese cuerpo se puede mover porque tiene anclado un cuerpo energético (lo que vibra, tu energía vital, el chi, el prana). Con "anclado" me refiero a que están unidos, y las uniones del cuerpo físico con el energético ocurren en siete

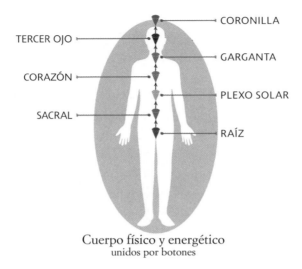

CORONILLA

TERCER OJO

GARGANTA

CORAZÓN

PLEXO SOLAR

SACRAL

RAÍZ

Cuerpo físico y energético
unidos por botones

puntos clave que van desde la coronilla de tu cabeza, por tu columna vertebral, hasta tu coxis. Imagínate que ahí están las costuras que unen tu cuerpo físico con el energético.

Algo muy curioso es que esos dos cuerpos no necesariamente tienen el mismo tamaño: el cuerpo energético puede estar superapretado y contraído, pegadito a tu columna; o puede expandirse y rebasar los límites de tu piel.

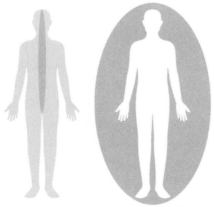

Espacio para tu ser espiritual

Y aquí viene lo más interesante: tú y yo somos seres espirituales teniendo una experiencia física; pero tu espíritu se mueve a medida que tu cuerpo energético se lo permite. Seguramente has escuchado que el "cuerpo" es el templo del espíritu, pero es tu cuerpo energético el que le da espacio para moverse. Piénsalo: donde no hay energía hay muerte, donde hay muerte no hay espíritu.

Cuando tenemos relaciones sexuales voluntariamente y por amor, hacemos **contratos espirituales**, nos unimos en un cuerpo energético y nuestros espíritus se mueven juntos a través de él, lo cual crea una conexión poderosa que no se corta cuando acaba el acto sexual.

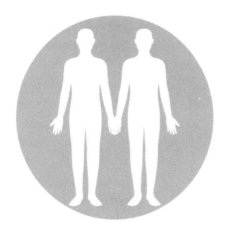

¿Te has puesto a pensar por qué, cuando todo va bien en la relación, cuando hay polaridad sexual, conexión racional, emocional y espiritual, te sientes invencible? Porque al unirte en todos los sentidos, pero particularmente a través del centro energético sexual, fundes tu potencial creador con el del otro: no sólo puedes crear vida —que es un MILAGRO por sí solo—; también puedes crear prosperidad, salud, puedes dormir poco y tener energía, estar más alerta, tener mejores ideas, tomar mejores decisiones aun bajo presión, solucionar problemas, etcétera. A ambos individuos se les duplica la "cantidad" de energía creadora —por así decirlo—, y no tienen que estar en la cama para sentirlo: una vez hecha esa hermosa conexión espiritual, gracias al vehículo que es el cuerpo energético, esa sensación se queda. Ojo: cuando digo que "se queda" no quiero decir que no se deba cuidar y mantener, por supuesto. Hay muchos factores importantes que considerar cuando hablamos de polaridad sexual, como la confianza, la comunicación, el deseo, la libido… Pero el contrato espiritual está creado.

A la altura de tus órganos sexuales tienes un centro energético muy importante que es el que alberga toda tu energía creadora. Imagínate que es como una vasija cóncava. Esto es muy bonito: ¡hombres y mujeres ahí tenemos el potencial de crear vida! Cuando nos unimos podemos iniciar el proceso de concepción de un bebé; pero lo que realmente quiero recalcar aquí es que la energía creadora no es sólo para reproducirnos; también es la energía que nos hace seres creativos con el potencial de concebir la vida que queremos.

Fíjate en este verso de la Biblia:

> **Más valen dos que uno, porque obtienen más fruto de su esfuerzo.**
> **Si caen, el uno levanta al otro.**
> **Si dos se acuestan juntos, entrarán en calor; uno solo ¿cómo va a calentarse?**
> **Uno solo puede ser vencido, pero dos pueden resistir. ¡La cuerda de tres hilos no se rompe fácilmente!**
> **Eclesiastés 4:9-12**

Cuando te unes espiritualmente con alguien con quien ya tienes una conexión racional y una conexión emocional, al fundir tu energía creadora te vuelves más poderosa, y es así como muchas parejas logran tener su familia, cumplir sueños, salir adelante de dificultades, construir un patrimonio, etcétera. Se tienen el uno al otro; tienen doble energía creadora, y si tienen buena comunicación, imagínate lo que pueden lograr al unir también sus talentos y fortalezas.

Qué increíble es que Dios nos permita e invite a tener una conexión con otro ser humano en todos los sentidos, tan fuerte y tan maravillosa que, además de todo, es una fuente de placer físico.

Pero ¿qué pasa cuando esto se corrompe, ya sea porque terminó la relación o porque hay infidelidades o porque no hay nada serio y tenemos múltiples relaciones sexuales? Se crean grietas, fisuras, boquetes y la energía creadora se fuga constantemente.

Seguramente lo estás experimentando: tienes un hueco porque la energía de tu Ex ya no la sientes y la tuya no termina de llenar la vasija; es como una cubeta con rajaduras u hoyos. Y peor tantito, si regresas con tu Ex o con tu *fuck buddy*, te sientes fatal; después te da "cruda moral", te sientes con un vacío rarísimo y no tienes idea de cómo llenarlo.

Si tienes relaciones casuales con tu Ex o con alguien más, seguido o de vez en cuando, por obligación o para llenar el hueco, y no sientes gran cosa, recuerda: a todo nos acostumbramos —incluso a batallar sin energía creadora—, y tu "bien" quizá para alguien más sería el gran bajón de energía. Te digo todo esto sin afán de hacerte sentir culpable; quizá tú fuiste infiel, quizá tienes relaciones casuales diario... Yo no estoy aquí para juzgarte, ni pretendo que haya algún compromiso moral de castidad. Para nada. Sólo quiero que entiendas "por qué duele tanto", "por qué no lo puedes superar", "por qué es tan difícil", "por qué a ti no te va tan bien como a otros". (Al iniciar este libro te prometí que tus preguntas tendrían respuesta.)

Si además de todo lo que estás pasando no sabes por qué otras áreas de tu vida están mal también, esto tiene mucho que ver. Curiosamente, las personas que están pasando por un corazón roto se identifican con alguno de estos puntos: se sienten perdidas vocacionalmente, les va pésimo en su trabajo, no creen tener un propósito de vida, pierden su sentido del humor, no saben qué hacer, se confunden fácilmente, no tienen dinero, no tienen tema de conversación, tienen mucho miedo a equivocarse, viven en perpetua escasez económica, se paralizan al tener que tomar decisiones…

Pensamos que no es justo que todo se nos junte, pero la realidad es que, si no empiezas a recuperar tu energía creadora, estarás como mosca chocando contra un vidrio. Imagínate que estás tratando de calentarte en una habitación, te pones suéteres y cobijas, e incluso prendes la chimenea, pero a la habitación le falta una pared. Es agotador, no te puedes relajar, todo el tiempo estás "echándole ganas", "queriendo ser positiva", "tratando de distraerte" y eventualmente caes como piedra al fondo del mar de tu desesperación.

Así pues, antes de cancelar cualquier contrato espiritual con tu Ex, tienes que reflexionar en que quizá has tenido más parejas sexuales, y necesitarás hacer el mismo ejercicio con ellas.

Cuando tenemos relaciones sexuales —aunque sean casuales— se crean vínculos espirituales. ¿Te acuerdas de que tu cuerpo físico está anclado a tu cuerpo energético y que tu espíritu se mueve a través de este último? No hay forma de sostener relaciones sexuales voluntarias sin generar este tipo de conexión.

Tenemos la capacidad de unirnos a tal nivel con la persona que amamos que realmente podemos hacernos uno y conectar de una manera trascendente. Empezamos a entendernos, generamos una empatía muy especial por el otro, y al mostrarnos vulnerables establecemos una confianza extraordinaria.

Pero ¿qué pasa cuando hay abuso sexual? La única manera en la que estos contratos espirituales no se crean es cuando el contacto sexual es un abuso o una violación. En este tipo de transgresiones el cuerpo energético se contrae a su mínimo tamaño y el espíritu se aleja lo más posible del agresor al disociarse del cuerpo. Estas experiencias generan un gran trauma que, por supuesto, debe ser sanado, ya que es sumamente doloroso. El punto es que ahí no hay contratos espirituales, no hay vulnerabilidad mutua, y no te fundes con el agresor.

¿Y qué pasa cuando sólo es "una vez" o algo casual? Desgraciadamente, aun cuando tenemos relaciones sexuales sin conciencia, también se generan estos lazos, incluso si no estamos del todo emocionados por tenerlas, si no nos sentimos conectados, si lo hacemos por manipulación emocional, por cumplir, por entretenimiento o por darle gusto al otro. En estos casos simplemente los lazos no son tan fuertes ni tan duros de romper porque no hay conexión emocional presente. Y claro, es más fácil cortar algo que nunca te importó.

Romper estos contratos no es "difícil"; la parte compleja es que generalmente no queremos hacerlo porque el corazón está roto y se resiste a tomar el camino largo hacia la sanación.

En este momento no importa si recuerdas tus experiencias sexuales como positivas o negativas; incluso si tu relación fue larga, pudiste haber tenido ambas con tu Ex. Los contratos espirituales se generan de todos modos, teniendo orgasmos o no, con pasión o como rutina monótona, y es importante cortarlos conscientemente para que no tengas fugas de energía creadora y puedas enfocarte en recuperar tu bienestar en todas las áreas de tu vida que se vieron afectadas. Una vez más: tu energía creadora es superimportante para tu sanidad y visión ante el futuro, ya que impacta tus interacciones con el exterior: tu desarrollo profesional, la relación con tu familia, con tu círculo social, con tu próxima pareja, con el dinero, etcétera.

Es prácticamente imposible que neutralices por completo tus emociones hacia las parejas sexuales del pasado si no cortas de raíz estos contratos; racionalmente pensarás que está superado, pero habrá algo muy profundo que te seguirá atando a estas personas. Es probable que tampoco te sientas muy cómoda en soledad porque tienes fugas de energía; es por eso que nos sentimos inquietas, ansiosas, se nos complica mucho conectar con Dios, sentimos que no podemos escuchar su voz, y tampoco podemos conectar con nuestra sabiduría divina.

Si no recuperamos nuestro poder creativo, es decir, si no resanamos nuestra vasija, si no cortamos contratos espirituales y no desbloqueamos nuestro cuerpo energético del *shock* que deja el vacío, va a ser muy difícil avanzar.

Cuando yo estaba pasando por esto, recuerdo haberme sentido sumamente incomprendida al escuchar los consejos de los demás. Al verme tan triste me decían "ve al gimnasio", "échale ganas a tu negocio", "gana dinero y vete de viaje"… Y todo eso sonaba tan absurdo, tan imposible y tan poco atractivo:

- absurdo porque no tenía hambre y me sentía físicamente débil: ¿quién va al gimnasio así?;
- imposible porque mi negocio era de diseño y yo tenía un nudo en la garganta y miedo constante: ¿quién diseña así?;
- poco atractivo porque pensaba que había perdido al amor de mi vida, y moría de culpa, vergüenza y pena: ¿quién se emociona por viajar así?

No podía hablar de otra cosa, mareaba a mi familia y amigos con el mismo cuento repetitivo porque trataba de entender racionalmente lo que me pasaba, de explicarles lo que sentía; y todo esto lo hacía con la expectativa de que mi mente racional me guiara a la cura, pero nada me funcionaba.

Y con el psicólogo, peor tantito: esperaba ansiosamente la hora de mi cita, iba y le decía todo lo que me pasaba; se acababa la hora y salía más cansada, más perdida y más desgastada de como había llegado. No había descubrimientos, no había respuestas, no había claridad, no había progreso y no había salida. Estaba hundiéndome en las arenas movedizas de mis emociones y genuinamente pensaba que nadie me entendía.

¿Sabes por qué mucha gente es capaz de presentir que le están siendo infiel o que algo anda mal? Porque siente una diferencia energética en el otro; no es necesariamente racional, a menos que el otro de plano actúe muy diferente o muy sospechoso. Pero cuando empezamos a sentir que alguien nos miente, el 99% de las veces es a partir de un cambio sutil en el flujo de energía normal con la pareja. Cuando nos pasa no tenemos forma de explicarlo racional o lógicamente: sólo "sabemos" que algo es diferente, entra una inseguridad intensa, se siente un vacío en el pecho… y eso es intuición en acción.

¿Sabes por qué alguien que es infiel batalla tanto para dejar de serlo, aunque "ame a su pareja"? Porque continuamente recibe un flujo nuevo de energía creadora de alguien más, y eso se vuelve interesante, adictivo, divertido, energizante. De nuevo, no es racional.

¿Sabes por qué alguien puede conformarse con ser amante de alguien por años, aunque eso lo lastime continuamente? Por los lazos de alma y los contratos espirituales; éstos le ganan a cualquier esfuerzo racional y lógico de lo que le conviene para ser feliz.

Mi Ex y yo éramos sumamente románticos y dramáticos, éramos muy intensos y nos prometíamos todo. Tuvimos unos años muy bonitos al inicio, por eso yo no lograba entender cómo era tan fácil para él rechazarme, decirle que *no* a todo lo que yo le pedía que considerara antes de tirar la toalla por completo, mientras yo me desgarraba —metafóricamente—. Presentaba todos los síntomas de un corazón roto, pero él se mantenía firme y me evadía (él nunca antes fue así: era muy emocional, sensible, noble). El día que le llevé aquella carta larguísima, finalmente entendí que él ya estaba con su vecina compartiendo un nuevo flujo de energía en forma de emoción, curiosidad, novedad, etcétera, estaba creando una nueva conexión con alguien en todos sentidos, lo cual le permitía soltarme a mí sin sentirse en déficit. El flujo de energía que yo recibía de él había desaparecido y todos mis intentos de conectar eran rechazados, lo que provocaba que mi energía se desparramara sin llegar a él, pero dejándome vacía.

Me sentía muy mal porque estaba perdiendo al único hombre con quien había hecho contratos espirituales. Me quedé con mi vasija en pedazos, sin su energía y aun sin la mía.

Inicia tu reconstrucción

Hasta este punto has logrado obtener mucha claridad: ya sabes por qué terminó tu relación al escribir y repasar tu lista de focos rojos, y ya sabes por qué duele tanto una ruptura amorosa; así que finalmente podemos empezar el viaje a lo más profundo de tu corazón.

Entonces, ¿cómo se cancelan esos contratos?

> 66
> **Lo racional se trabaja con la mente racional.**
> **Lo emocional se libera sintiendo emociones.**
> **Lo espiritual se sana con fe y con trabajo**
> **interior.**
> 99

¿Qué es trabajo interior?

Trabajo interior es todo lo que haces cuando asumes la responsabilidad de tu experiencia de vida y, en este caso, todo lo que haces para sanar tu corazón, tus esfuerzos por ti y para ti, pero cuando nadie te ve. El combo ganador de estas prácticas es la oración, la meditación y la visualización.

Oración

Lo idóneo es conectar con Dios en un espacio seguro para sentir y sanar. Un espacio seguro es un lugar donde nadie te ve, nadie te escucha y nadie te interrumpe.

Se trata de reconciliarnos con Dios: nos vamos a acercar y permitir que Él cubra con un bálsamo especial cada una de nuestras heridas, fisuras, huecos, rajadas y boquetes.

Yo siempre había tenido una relación muy cercana con Dios; sin embargo, poco a poco, durante mi relación sentimental me fui aislando casi sin darme cuenta. Empecé a buscar en mi pareja toda la aprobación y el amor que alguna vez había encontrado en mi relación con Dios, y cuando rompimos me sentía completamente desamparada y culpable por haberme alejado —aun cuando muchas veces aseguré que mi relación con Dios nunca la descuidaría, que siempre pasaría tiempo con Él en oración o meditación; pero evidentemente no lo hice—. Cuando estás inmersa en una relación con problemas, en discusiones que no acaban, en compromisos sociales, en el celular, en el chisme compulsivo, en las redes sociales… tu trabajo interior es nulo.

Quería acercarme a Dios, pero sentía que no me lo merecía, que yo solita me había buscado mis problemas al no haber sido fiel a mi palabra; tenía mucha vergüenza. Me acercaba con libros, canciones, pero no le hablaba directamente. Me resistí por meses y meses hasta que, casi como último recurso, lo busqué y pude darme cuenta de que genuinamente su fidelidad es grande.

La Biblia dice:

> **Sus misericordias alcanzan cada mañana.**
> **Lamentaciones 3:22-23**

La verdad es que nunca entendí bien qué significaba este versículo hasta que realmente necesité su **ayuda cada mañana...** Me di cuenta de que, a pesar de mi inconsistencia y de mi infidelidad hacia Él, siempre que lo buscaba —con una intención sincera— lo encontraba.

Él no se va, no nos aplica la ley del hielo, no nos hace sufrir, ni nos la hace "cansada" para regresar a tener una conexión.

Tienes que saber que nunca estás sola. Aun en esos momentos cuando lo estás pasando mal, cuando crees que nadie te ve, cuando te sientes incómoda estando contigo misma, siempre estás siendo observada y estás a una palabra de lograr conectar con Dios.

Fuiste creada con la intención de que vivas una vida en abundancia. ¿Abundancia de qué? De todo lo que tu corazón anhele: amor, conexión, felicidad, satisfacción, dinero, propósito, etcétera.

Muchas veces no lo vemos y dudamos que esto sea cierto, pero lo primero que debe pasar para poder experimentarlo es estar dispuestos a tener una conexión espiritual individual. Nadie puede hacer esto por ti, eres tú la única persona que se puede conectar, y todo empieza en lo secreto, en ese momento vulnerable, sincero, y a solas. Es así como con una intención pura de conectar con Dios empiezas a recibir esas respuestas que tanto quieres y esa paz que sobrepasa todo entendimiento.

La paz que sobrepasa todo entendimiento es sentirte bien cuando todo está tan mal que no tiene lógica que tú te encuentres así.

En la Biblia hay otro verso crucial para entender el trabajo interior, y es mi favorito:

> 66
>
> **Pero tú, cuando ores, entra en tu aposento, y cuando hayas cerrado la puerta, ora a tu padre que está en lo secreto, y tu padre que te ve en lo secreto, te recompensará.**
>
> **Mateo 6:6**
>
> 99

Ese versículo me encanta, me gusta mucho la instrucción de encontrarme con Dios en lo secreto: no necesitas un guía, no necesitas que alguien te acerque a Él. Simplemente en ese lugar de intimidad —donde nadie te ve, ni te escucha— acércate a Él y verbaliza sin juicio tus sentimientos y tus necesidades.

Aguas con estos errores:

1. Hay personas que se quieren acercar a Dios en oración pública. Te prometo que no quiero juzgar, pero esto me genera una incomodidad brutal que hasta contrae mi cuerpo. Además, he notado que no les funciona. Te doy unos ejemplos:
   - Se juran a Dios o a la Virgen y le platican a todo el mundo que están "jurados" (o sea, por ejemplo, cuando prometen no tomar alcohol hasta que ocurra el milagro que quieren).
   - Se van de rodillas a la Villa… Literalmente, de rodillas avanzan por las calles en penitencia para ser vistos.

- Hacen votos de ayuno o pobreza en público para conseguir algo a cambio, y se muestran en carencia de forma dramática.
- Van a la iglesia diario a rezar enfrente de otros.
- Van a algún altar a poner velas.
- Van a la iglesia, congregación o algo similar a llorar, cantar fuertísimo o desmayarse.
- Ponen en redes sociales lo que le están pidiendo a Dios, haciendo público su dolor o amargura.

Cada quien decide cómo lleva sus prácticas religiosas, pero no te saques de onda si sientes que nada cambia. El trabajo interno de conexión con la energía de tu creador sólo lo vas a lograr cuando nadie te vea; nada lo sustituye.

Ojo, no tiene nada de malo que ores con otras personas o que seas parte de una comunidad que crea lo mismo que tú para conversar, compartir o estudiar. El punto es que si quieres conectar espiritualmente, no creas que porque oras con otras personas ya no tienes que hacerlo a solas. (Yo por mi parte decido orar a solas.)

2. Otros rezan desesperadamente cual víctimas. Cuando te quieras acercar a Dios, sé sincera, honesta y transparente. Verifica si en tus oraciones dices cosas como "¿por qué a mí, Dios mío, si he sido buena?", "¿por qué siempre me pasa estooo?", "¡sálvameee, por favor!" La vibración de víctima te sellará los oídos porque es una frecuencia de desamparo, y ahí no hay fe (la fe es certeza).

EJERCICIO PRÁCTICO

Pídele a Dios que sane tus heridas y corte los contratos que te unan a alguien que ya no está contigo. Pídele que te restaure en tus propias palabras. No tienes que decir nada complicado, empieza por algo sencillo como pedirle que tan sólo te guíe. Incluso no tienes que decir mucho: un enunciado es suficiente. Pero no lo digas y luego te vayas. Quédate… quédate en ese lugar seguro, cierra los ojos y permítete sentir. Esto puede ser muy incómodo al inicio; no pasa nada; respira profundo y pausado.

Haz esto por lo menos 10 minutos diariamente. Tú determinas qué tan decidida estás para resanar tu vasija y volver a llenarla de tu propia energía creadora sin que se siga fugando continuamente.

Meditación

Seguramente has escuchado de la meditación. Últimamente se han dado a conocer sus beneficios para transitar el estrés y ayudarnos a callar la voz del crítico interno. Quizá la has practicado o tienes alguna aplicación en tu celular con meditaciones guiadas. Para ayudar a tu corazón a sanar es importante que pases algunos minutos al día en silencio, sobre todo cuando sientas tu corazón, acelerado, sólo cierra los ojos y déjate sentir su presencia y enfocarte en respirar **profundo y pausado** (esto baja tu frecuencia cardiaca y va a ser superplacentero para tu corazón).

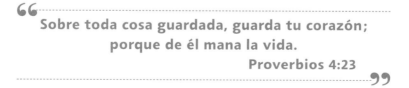

> **Sobre toda cosa guardada, guarda tu corazón;**
> **porque de él mana la vida.**
>
> **Proverbios 4:23**

Cuando yo andaba en mi peor momento de ansiedad e insomnio, me quejaba mucho de sentir todo el tiempo ganas de llorar y taquicardia; no podía quitarme el nudo en la garganta y no podía descansar. Estaba en permanente modo "huida o pelea" y lo único que me "ayudaba" a no tener ataques de ansiedad era fumar. ¿Sabes por qué? ¡Porque al fumar respiramos profundo y pausado! Sin que fuera intencional, de alguna manera, fumar bajaba tantito la frecuencia cardiaca que me hacía pensar que el corazón se me saldría del pecho. Por supuesto, era sólo una ilusión, ya que estaba llenado mis pulmones de humo y nicotina, que viajaba por mi torrente sanguíneo y me hacía sentir mareada, débil y sin remedio.

EJERCICIO PRÁCTICO

Consigue una piedra del tamaño de tu puño cerrado. Debe ser pesada y maciza (una piedra muy porosa no creo que funcione). El tamaño de tu puño cerrado corresponde aproximadamente al tamaño de tu corazón. Si tienes la posibilidad de comprar un cuarzo rosa con estas características, idealmente uno que no esté pulido, es aún mejor. Si no lo encuentras, no pasa nada; quizá encuentres un cuarzo blanco o algún otro cristal que te llame la atención; lo más importante es el tamaño, el peso y que sea natural (no procesado en una fábrica). Los mejores lugares para comprar este tipo de piedras son tiendas de meditación, tiendas de cristales en pueblos turísticos, e incluso en línea en sitios como Amazon.

Mientras más pronto consigas esa piedra mejor. Si esto se te dificulta trata de conseguir una piedra quizá en un río, una piedra volcánica o simplemente que la hayas encontrado en la naturaleza.

Acuéstate sobre una superficie plana y pon esta piedra en tu pecho arriba de tu corazón real. Cierra los ojos y hazte consciente de la presencia de tu corazón a través del peso

de la piedra. Sólo enfócate en la sensación de **peso en tu pecho**. La presencia de esta roca le da cuerpo sólido a tu corazón y enfoca tu mente ahí. Cierra los ojos y respira profundo y pausado.

Deja que las emociones corran y que la presencia de tu corazón se haga evidente. Vives, respiras, estás aquí contigo, no estás sola. Haz esto mínimo 10 minutos diarios hasta que sientas tu corazón recuperado. Puedes hacer este ejercicio cada noche en tu cama justo antes de quedarte dormida.

Visualización

Consiste en imaginar situaciones que deseas vivir (en este caso sería soltar a tu pareja, sanar tu corazón y seguir tu vida) y proyectar al futuro para vivir mejor el presente (cumplir muchos sueños y conocer a un gran amor). Se trata de pensar en imágenes de manera clara y nítida (sin ataduras, con contratos espirituales cancelados), viéndote a ti misma experimentando esas situaciones y sensaciones deseadas (paz, amor y tranquilidad).

EJERCICIO PRÁCTICO

Quiero que visualices que estás en una playa, ves a tu Ex, lo abrazas, le das las gracias y le dices: **"No te debo nada y tú no me debes nada; gracias por la experiencia, hoy te dejo ir". Cada quien se voltea y se van en dirección opuesta, en paz, sin dolor y con gratitud**.
Una y otra vez, velo, siéntelo, imagínalo.
Una y otra vez.
Si lloras está bien; si se siente feo está bien. Sólo trata.

Antes de que pienses que es imposible hacer todo esto, quiero que sepas que no hay caso imposible de sanar, que no hay límites más que los que aceptes. Has sido puesta en esta tierra para reencontrarte con Dios a través de una conexión espiritual individual. No hay nadie que pueda tomar tu lugar, no hay nadie que pueda vivir tu historia ni sanar tus heridas más que tú. Parece un trabajo titánico, irrealizable, pero pasa algo increíble: la meta no es el destino, la meta es que seas capaz de disfrutar el camino a sanar tu corazón. Porque en el proceso te vas a enamorar de ti, de tu niña interior; y tu conexión espiritual contigo misma se llevará toda esa ansiedad que no te deja descansar. Vas a darte cuenta de que cuando te alineas de esta manera el tiempo pasa mucho más rápido: sí, ese tiempo que hoy parece más lento que nunca.

> **Cuando disfrutas de sanar, te das cuenta de que es un viaje fascinante y nunca querrás que acabe.**

Recupera tu poder

Eso fue lo que me pasó a mí: yo era diseñadora y no tenía otra meta profesional en la vida, pero mi trayecto a sanar mi corazón me llevó a encontrar sueños arrumbados en un cajón, sueños que nunca entendí ni pude poner en palabras.

En este camino terminé encontrando mi verdadera vocación: ayudar a otros a descubrir su propósito, a conectar con Dios, a sanar sus heridas, a crear abundancia, a amar en serio y, finalmente, a reinventarse en esa persona que anhelan ser.

Durante el proceso de sanar mi corazón me volví consciente de mi poder y mi responsabilidad de crear la vida que yo siempre había querido pero que no creía posible para mí por todas mis creencias limitantes, complejos, inseguridades, miedos y demás.

Ha sido increíble ver cómo aun *lo peor que me ha pasado en la vida* (mi corazón en pedazos y un consecuente desamparo total) ha sido *lo mejor que me ha pasado en la vida* también. Porque a raíz de eso desarrollé impresionantemente mi intuición, y hoy me pasa que sé muchas cosas sin saber por qué, me doy cuenta de sensaciones, de la verdadera intención de los demás, percibo cuando tienen algún tema oculto complicado… Cuando veo esto puedo empatizar, entender y sentir: a esto se le llama *empath*. Es lo que me ha llevado tener una vida que me gusta vivir, donde tomo buenas decisiones que me hacen sentir en paz conmigo misma, y he logrado manifestar muchas cosas que siempre había deseado.

Nunca es demasiado tarde. No me importa qué tan complicada creas que es tu situación, si tienes hijos o tu edad. Para Dios tú sigues siendo un ser individual y precioso, un ser con valor y con la misión de ser feliz y disfrutar de esta experiencia terrenal.

Y créeme: aun si has pasado por abuso sexual, verbal o físico, hay luz del otro lado del túnel. Pero primero tienes que saber que este camino es un camino de vulnerabilidad. Vas a despertar tu conciencia y te vas a atrever a ver la realidad sin juicio.

Aprender a ver *lo que es* será el primer paso hacia tu sanación. Quítate esa visión torcida de las cosas que te hace creer que esto es lo peor, y desenredemos juntas esa maraña de eventos, historias, traumas, pleitos y razones por la cual hoy no estás bien.

EJERCICIO PRÁCTICO

- ¿Qué te detiene a sanar tu corazón?
- ¿Hay alguna parte del proceso que te compartí que se te haga muy difícil o hasta imposible?

Recuerda escribir tus respuestas en un espacio seguro, donde no te censures y donde empieces a activar tu capacidad de reflexionar y sentir.

Como te lo dije en el primer capítulo, hoy puede parecer un camino imposible, pero recuerda que no estás sola; parece que sí, pero es un camino muy recorrido: hay huellas en el piso y yo te voy a enseñar a seguirlas. Esas huellas te llevarán a alcanzar una conexión espiritual, una conexión contigo misma, para que luego, desde un lugar nuevo de amor propio, sin ansiedad y con toda claridad, puedas amar a otra persona que esté alineada contigo. Esa persona existe y es para ti, pero antes te toca sanar. Así que no saltes los ejercicios.

Si tocaste fondo tienes una gran ventaja. Si sientes que ya no tienes nada que perder, finalmente nada te detiene ni tienes que quedar bien con nadie. Si de verdad llegaste a ese fondo, ¡bravo!, porque podrás avanzar más rápido y hacer todo lo que te estoy guiando a hacer sin ningún pretexto.

¿No quieres? ¿No estás lista para soltar? Puede ser que aún no sea el fondo y tengas que seguir cavando más profundo… Como te dije, yo también toqué fondo y me tiré a revolcarme en mis cinco centímetros de lodo perdiendo tiempo valioso de mi vida. Así que no te juzgo; hoy estoy aquí para decirte que es hora de empezar a salir, pero sólo tú decides si ya estás lista o si prefieres aferrarte a tus pensamientos obsesivos (como ya aprendiste, son los que te están haciendo sentir peor cada día) y mantener los lazos o contratos espirituales esperando regresar algún día con tu Ex y perpetuando voluntariamente el sentimiento de desgarre y vacío.

3

CODEPENDENCIA: CUANDO, A PESAR DE TODO, QUIERES REGRESAR

Nadie nos enseñó a sentir las emociones densas; la soledad, las noches de insomnio, el corazón acelerado y el nudo en la garganta nos ponen en una situación de alarma y supervivencia. Por supuesto, corremos hacia lo conocido, aun cuando no funciona y nos lastima.

Cuando nos volvemos dependientes de alguien más podemos aguantar de todo: desde pleitos tóxicos, manipulación, drama constante que nos drena, hasta humillaciones, infidelidades, traiciones profundas, violencia, etcétera. ¿Por qué lo hacemos? Si somos personas inteligentes, sensibles y racionales, ¿por qué vivimos este tipo de historias?, ¿por qué es tan difícil dejarlas atrás?

La respuesta es doble:

1. Por falta de amor propio.
2. Porque le damos a alguien más la responsabilidad de nuestra felicidad y bienestar.

Yo no tenía idea de que estaba en una relación codependiente; sólo pensaba que estaba en una relación romántica, apasionada, y consideraba que eso era bueno, incluso muy bonito. ¡Por fin había llegado alguien igual de romántico que yo a mi vida y nos correspondíamos!

Yo me sentía feliz porque a pesar de que empezamos con una relación a distancia hablábamos a todas horas, nos mandábamos mensajes de texto entre las llamadas, nos prometíamos de todo diario, y por supuesto, nuestra historia de amor fue muy intensa. Los primeros tres años estuvieron llenos de múltiples viajes, regalos, serenatas, cartas, cenas...

A pesar de que yo nunca me consideré una persona insegura o acomplejada, tampoco sabía lo que era el genuino y profundo amor propio. Pensaba que "lo tenía", me consideraba "normal", pero después de mucha reflexión y varios años, después de que mi relación terminara, para mí empezó a ser muy claro: al ver mi historia pude identificar que siempre batallé para que me "escogieran"; siempre me enamoraba de personas que no me correspondían; siempre fui estudiante promedio, no ganaba premios, no tenía ningún reconocimiento especial, no era particularmente buena en nada, y dentro de mi corazón sentía que algo me faltaba para brillar, para ser escogida, para sobresalir.

Hoy sé que esa necesidad es completamente normal y natural porque todos los seres humanos nacimos para amar y ser amados, y desde niños buscamos que alguien nos apruebe y nos valide. También sé que para lograrlo primero tenemos que amarnos y validarnos nosotros mismos. Pero en ese entonces no sabía nada; de hecho, ni siquiera era consciente de la profundidad de mi necesidad y de la carencia que sentía. Como te dije, yo me sentía "normal", incluso medio caprichosa porque hubo varias personas que me quisieron mucho y yo no logré corresponderles.

Cuando llegó aquel hombre que se enamoró de mí, que me "escogió" y finalmente me llenó el hueco, yo me sentí la mujer más feliz sobre la tierra; me entregué sin reservas e inconscientemente lo hice responsable de mi felicidad. A partir de que iniciamos él se volvió mi todo y yo el suyo.

Era una tragedia perfecta.

Con el paso de los años las cosas fueron cambiando: nos empezamos a topar con grandes diferencias en temas importantes como dinero, religión o dinámicas familiares. Los pleitos eran a todas horas, grandes y chiquitos, todos dramáticos, todos desgastantes, todos desesperantes para ambos; por bastante tiempo logramos solucionarlos, porque no nos pasaba por la cabeza la posibilidad de separarnos: estábamos demasiado apegados (lo que yo interpretaba como "amor a pesar de todo"). La realidad es que pasábamos más tiempo peleando y luego arreglando el pleito que contentos. Yo veía los focos rojos y, aun así, jamás consideré que debiéramos terminar; sólo pensaba que estábamos pasando por un mal bache y que teníamos que saltarlo para volver a ser tan felices como antes (aunque muchos de esos baches fueran humillantes, dolorosos, tristes y absurdos).

Cuando terminamos y él ya no quiso regresar, yo entré en pánico (en el capítulo anterior te conté que él ya no quiso volver conmigo porque estaba saliendo con su vecina; de ahí salió su motivación para soltarme). Mi mundo se puso de cabeza. Yo no tenía idea de qué hacer con tantas emociones que me paralizaban de miedo, y empecé a tener comportamientos erráticos; creía que me quedaría con ese vacío paralizante para siempre, y me sentía profundamente culpable y al mismo tiempo traicionada.

Cuando alguien nos deja y nos sentimos aterrados de lo que vendrá en el futuro, entramos en un estado de alarma y necesitamos con urgencia volver a estar a salvo.

Si aún tenemos un poco de dignidad, nuestra mente hace algo muy interesante y activa nuestra memoria selectiva: manipulamos nuestros propios pensamientos, recordamos sólo lo bueno y justificamos comportamientos ajenos. Se genera un rechazo interior, nos abandonamos completamente y regresamos —o tratamos, por todos los medios, de regresar— a lo que conocemos.

No regreses a tu vómito

¿Sirve de algo regresar con tu Ex? Casi nunca… aunque, si le hubieras preguntado a esa versión de mí que tanto sufría, te habría dicho esto:

"Prefiero arrepentirme de algo que hice que de algo que no hice."

"Vale la pena intentarlo una vez más."

"Qué tal que estamos tirando la toalla muy rápido."

"Puedo hacer muchas cosas diferentes y necesito una oportunidad para probarlo."

"Ya no tengo nada que perder y podría ganarlo todo otra vez si lo intento."

"Si no lo intento me arrepentiré toda la vida."

"Claro que vale la pena; es el amor de mi vida."

Después de un par de meses de rogar logré que regresara conmigo (gracias a que con la vecina no funcionaron las cosas), y la pasé muy muy mal. Él fue muy seco conmigo, apenas me hacía caso, actuaba completamente diferente. En definitiva, me estaba haciendo el favor de darme la oportunidad de que lo enamorara de nuevo, pero a cambio yo me encontraba en una ansiedad total, pretendiendo estar "bien" sin quejarme de absolutamente nada, cuidando que no hubiera ningún disgusto, intentando probar que éramos el uno para el otro. Creo que esa etapa fue la más dolorosa de todas. Incluso ahora mismo, mientras recuerdo para platicarte, siento una angustia tremenda por aquella Esther, que no sabía lo valiosa que era.

(Ojo: nota que ya sabes por qué puedo evocar emociones como la "angustia", aun ahora que escribo este libro, siendo que mi corazón está fuerte y sano: porque todo lo que nos permitimos pensar baja con una emoción, y esto que siento por mi historia funciona igual que cuando veo una película de drama y empatizo con la situación de un personaje en crisis. Tus emociones son producto de tus pensamientos: cambia tus pensamientos y cambiarás tus emociones.)

Cuando regresamos a algo que está roto, algo que no funciona, y tratamos de probarle al otro nuestro valor, por lo general fracasamos. Primero que nada, porque aun si lo logramos, estamos regresando a la misma dinámica codependiente, y segundo, porque la otra persona percibe nuestra energía temerosa, humillada, mendicante, y por supuesto, lo repele. Según el carácter del otro, puede simplemente alejarse de nuevo o puede aprovecharse de esa situación para validar su ego.

En la Biblia hay un versículo bastante fuerte que habla de esto:

> **Como perro que vuelve a su vómito, así es el necio que repite su necedad.**
> **Proverbios 26:11**

Pero entonces ¿es imposible regresar con tu Ex?

Tienes que entender que, en esos momentos, cuando estamos heridos, cuando estamos tratando de soltar algo que fue muy importante para nosotros, somos víctimas del miedo a lo desconocido. Es el miedo que se disfraza de certeza y nos hace pensar que si regresamos con el Ex todo va tener sentido.

Te pido por favor que te abras a la posibilidad de sanar primero; solamente sanando podrás encontrar a otra persona o reestructurar tu relación pasada; pero no te claves en ese segundo escenario.

Es posible que sanes tu corazón, que tu expareja también lo haga y que puedan unirse de nuevo; sin embargo, no te voy a mentir: las posibilidades de que eso pase son muy bajas. Por eso quiero que te enfoques en sanar primero. Una vez sanando vas a tener una nueva perspectiva de las cosas, y a partir de ahí podrás tomar las decisiones correctas. Entonces, date tiempo, y simplemente deja esa idea de lado en lo que pasas por este proceso.

De cualquier manera, no creo que busques regresar con tu Ex para que te vaya tan mal como a mí, ¿verdad? Si quieres regresar y que todo mejore para que "ahora sí funcione", entonces, de nuevo, tienes que entender que sólo sanando todo lo pasado podrían llegar a ser de los pocos que convierten una relación fallida en una relación consciente que funciona.

Amnesia selectiva

Existen dos tipos de amnesia selectiva: la disociativa y la electiva. Antes de avanzar vamos a explorar ambas de manera muy simple:

- **Amnesia selectiva disociativa:** Se refiere a cuando tenemos la incapacidad de recordar información de nuestra vida que es relevante para nuestra historia, generalmente porque está ligada a algún trauma o porque se vivió con altos niveles de estrés. Por ejemplo: muchas veces olvidamos momentos dolorosos de nuestra infancia, recordamos parcialmente o sólo algunos detalles, pero perdemos noción del espacio, tiempo o frecuencia con la que sucedían, los mandamos a la sombra de nuestro subconsciente como un acto de autoprotección, donde reprimimos el recuerdo de dichas situaciones para no sentir las emociones que evocan.

• **Amnesia selectiva electiva:** Perdemos la noción de nuestra propia identidad para solucionar un problema que nos causa emociones densas; entramos en modo "rescate urgente" y sacrificamos valores fundamentales en nuestra vida como el respeto, la honestidad o la autonomía, y cedemos en todo lo posible para "salvar el barco". Así *olvidamos* ofensas, abusos, pleitos, groserías, mentiras, infidelidades, etcétera. Nos podemos sentir tan desesperados por la intensidad de las emociones que automáticamente sacrificamos la perspectiva real o los recuerdos para no volver atrás (desactivando el sentido común o nuestro mejor juicio). Es importante que notes que esto no tiene que ver con enfocarse en lo positivo o querer verles el lado bueno a las cosas; más bien, es algo que sucede prácticamente sin darnos cuenta. Nuestra mente empieza a evadir los recuerdos dolorosos porque interpreta que hay algo **más grande que nos causa más dolor** y al querer detener esa espiral de dolor empezamos a olvidar lo que nos trajo a este momento.

Los últimos dos años de mi relación, mi Ex y yo tuvimos pleitos muy grandes y muy tóxicos que definitivamente eran señales de que no éramos el uno para el otro. Como te conté, éramos muy codependientes; entonces, por mucho tiempo —a pesar de nuestras diferencias— no consideramos terminar la relación. Y por supuesto, yo desahogaba mis frustraciones con personas muy cercanas.

Una noche triste, ya que habíamos cortado mi Ex y yo, Karen, mi mejor amiga, me escuchó decirle lo mal que me sentía, lo mucho que me arrepentía, que había perdido al amor de mi vida… Jamás olvidaré que me dijo: "Esther, ¿no te acuerdas de lo mal que la pasaban últimamente, no te acuerdas de lo frustrada que estabas porque no sentías su apoyo? Acuérdate de cuando me contaste que te dijo, que hizo, que bla bla bla". En ese momento creo que no dije gran cosa, pero me dejó reflexionando muchísimo, sacudida por esa verdad que para ella era más que evidente. ¿Qué estaba pasándome? ¿Estaba volviéndome loca?

No. No estaba volviéndome loca. Estaba pasando por un dolor intenso y desconocido, sentía que me ahogaba, y necesitaba volver a tierra firme, aunque esa tierra no fuera el destino correcto.

En mi experiencia (seguro él habrá tenido una perspectiva diferente), mi Ex había sido cruel, me había humillado, mentido, usado, rechazado, abandonado, traicionado, roto promesas, dejado por otra… Debía olvidar todo eso para poder rogarle.

La solución a mis problemas era lógica en mi mente: "volverlo a intentar", pero para proponerlo tenía que hacer de él un "santo". Yo sólo me daba permiso de rogarle (sí, yo había tenido toda la culpa y él era perfecto). Mi amnesia selectiva electiva estaba a todo lo que daba.

La memoria es simplemente una representación mental de una experiencia y la capacidad de poder evocarla cuando queramos o cuando lo necesitemos. Yo debía recordar sólo lo bueno porque mi meta era recuperarlo, no sanar mis heridas ni seguir mi camino.

Culpa

La culpa que sentía me mantenía en un estado de vergüenza horrible; no sabía cómo salir de ahí; lo único que se me ocurría era pedir perdón y otro chance. Gracias a lo que me hizo reflexionar Karen aquel día —a la 1 a. m., en el coche, afuera de un Starbucks— empecé a querer ser más justa con mis recuerdos. Sin embargo, no lograba ser muy neutral.

Hubo una temporada en la que en un mismo día yo era la mala del cuento y él lo mejor que me había ocurrido; con el paso de las horas y mi pensamiento obsesivo, él se volvía el peor patán del mundo que me había traicionado después de tanto, y yo, víctima de su deslealtad.

La culpa es una emoción que nos mantiene dando círculos en el mismo lugar, es una emoción densa, pesada y paralizante que, cuando nos la adjudicamos, nos llena de vergüenza, y cuando se la imponemos a otro, nos llena también de rencor.

Lo paradójico es que para dejar de sentir culpa debemos darles voz a los pensamientos que la producen, darles una salida para que podamos liberar nuestro sistema nervioso. La buena noticia es que si estás haciendo tus ejercicios de escritura y reflexión, ya estás avanzando más de lo que te imaginas y pronto empezarás a sentirte diferente.

Obstáculos

Debes proteger mucho tu corazón de interferencias que puedan generarte bajones repentinos. Cuando empezamos el proceso a sanar, puede que tengamos momentos en los que nos sentimos fuertes y determinados; sin embargo, también podemos tropezar y pensar que no hemos logrado nada.

Debes estar alerta para toparte con los obstáculos más comunes. Tendrás que empezar a poner límites y cuidar tu intimidad, prestar atención a lo que dices y lo que escuchas para proteger tu corazón de las emociones que irremediablemente se generarán en ti si te expones a todo lo que te afecta. Así podrás empezar a sensibilizarte, de forma que logres escuchar tu propia intuición, por medio de esas sensaciones viscerales que te da tu cuerpo respecto a lo que te conviene y lo que NO te conviene.

1) *Ahogar tus emociones*

Cuando no queremos sentir algo, tendemos a evadir: cambiamos el tema o buscamos algún adormecedor como la comida, el cigarro, el alcohol, la mariguana, otro tipo de drogas, pastillas para dormir, etcétera, o alguna distracción como las redes sociales, la televisión, el trabajo, deporte, vida social, etcétera. Y aunque parece que nos ayuda a no caer en emociones incómodas, es contraproducente en el proceso a sanar el corazón, ya que cualquier cosa que no te permitas sentir se va a perpetuar. A corto plazo parece que estás mejor, pero los desbordamientos de emociones serán más seguidos, te sentirás cada vez más tensa, más bloqueada y más alejada de superar a tu Ex. Podrás presentar síntomas como dolor de cabeza, falta de concentración, irritabilidad, hipersensibilidad, insomnio, desvalorización personal o cambios de estado anímico abruptos, y conforme pase el tiempo, seguramente se transformarán en síntomas más severos como alergias, salpullidos, tics, piel seca, problemas del oído, retención de líquidos y muchos más.

No hay pierde: para sanar hay que sentir esas emociones que ya están en ti. Sólo así podrás sacarlas y dar lugar a emociones más placenteras. Es en ese punto que podrás decir que genuinamente te estás sintiendo mejor y estás sanando **poco a poco**.

En el siguiente capítulo te voy a explicar exactamente cómo funcionan las emociones y por qué es superimportante avanzar poco a poco en este proceso tan sensible.

2) Contarle tus penas a todo mundo

Cuando estamos pasando por momentos de profundo dolor tendemos a buscar ayuda de la gente que nos rodea; según tu personalidad, quizá seas más reservada y tengas un par de personas de confianza, o tal vez seas muy extrovertida y tengas múltiples confidentes; de cualquier manera, es importante que en este proceso cuides de no enredarte en conversaciones repetitivas e interminables donde la intención de desahogarte irremediablemente se pierda y termines más influenciada por las opiniones y consejos de los demás que por tu propio criterio —que se va formando a medida que reflexionas y te sinceras contigo misma—.

Con ganas de ser completamente transparente contigo, te cuento que yo tuve múltiples confidentes a mi alrededor. Les contaba la misma historia una y otra vez; me sentía tan asustada por mis propias emociones que buscaba en los consejos de los demás las respuestas que mi alma necesitaba, y terminaba muy desgastada. Incluso me pasó en terapia: iba al psicólogo con la intención de salir mejor, pero terminaba más cansada y más triste porque no sentía que me ayudara.

El consejo que puedo darte es que identifiques a las dos o tres personas en quienes más confías: sólo desahógate, pero no esperes que te digan qué hacer o que apoyen tus decisiones; mantén las pláticas cortas y sin especulaciones.

Si escuchas frases como:

"No puedo creer que haya hecho eso."

"Vas a ver que se va a arrepentir."

"Seguro en unos meses vuelve."

"No te merecías eso."

"Pobre de ti, yo estaría igual o peor que tú."

"¿Tú crees que se vaya a arrepentir?"

termina la conversación. En ese momento puede que te sientas reconfortada, pero después, en tus momentos a solas, te quedarás con un vacío aún más intenso, exacerbado por esas frases que ultimadamente ¡te están quitando todo tu poder! En todas ellas tú quedas como una pobre víctima; y el problema con las víctimas es que hartan a todos —aun a sí mismas— y sólo es contraproducente para tu proceso a sanar.

3) Recibir chismes de personas en común

Sé que la urgencia y la curiosidad son fuertísimas cuando esperamos que llegue el día en que todo se pueda solucionar, pero enterarte de lo que pase con tu Ex sólo interrumpe tu proceso. Es momento de que les comuniques a tus amigos en común que dejen de contarte lo que ven o de lo que se enteran.

4) Buscar en redes sociales

Jamás en la historia había sido más difícil dejar de pensar y especular respecto a la vida de alguien más, ni más fácil dar de qué hablar o retratar una falsa realidad, que ahora con las redes sociales.

La pregunta que más me hacen mis clientes es "¿qué hago?, ¿las cierro?, ¿lo bloqueo?" La realidad es que no tienes que hacer nada, solamente dejar de meterte para no llevarte tú sola a la ansiedad. La verdadera pregunta es ¿serás capaz de proteger tu corazón? o ¿preferirás meterte a tus redes compulsivamente y checar si hay nueva información relevante que te lastime aún más?

Si esto es algo que te esté costando mucho trabajo, te hago otra pregunta: ¿de qué te sirve encontrar información que te va a lastimar y además no podrás saber si es verdadera o falsa? Para probarte este punto voy a contarte varios ejemplos de mi vida, muy reales, pero un cliché porque mucha gente hace lo mismo:

- Más de una vez me arreglé sólo para sacarme fotos con mis amigos y tener algo que postear aun cuando mi tema de conversación con ellos era lo triste que me sentía.
- Cuando no salía de mi casa buscaba en mi celular fotos viejas que no hubiera publicado ya (comida, una cerveza, un lugar bonito, una *selfie*, etcétera) y las posteaba como si fuera en tiempo real.
- Cambiaba mi estado a frases misteriosas, chistes, indirectas confusas… según yo para verme *cool*.

Y mi Ex, después de bloquearme en Facebook e Instagram:

- Cambiaba su estado de WhatsApp alrededor de 10 veces al día, y ponía frases o fragmentos de canciones contradictorias que me confundían.
- Usaba Pinterest para poner imágenes de frases dramáticas que me daban esperanza y luego me la quitaban, imágenes de lugares a los que habíamos ido o queríamos ir juntos, y referencias de chistes locales que sólo yo podía entender.
- Me mandaba letras de canciones fuera de contexto por email cuando estaba borracho.

Espero que este punto quede claro: no te puedes basar en lo que ves o lees en redes sociales; puede ser una verdad a medias o puede ser totalmente falso y verse muy real. Durante los rompimientos las redes sociales son tóxicas para el corazón.

5) Revisar tu caja de recuerdos felices

Depende de qué tan sentimental seas, puede ser que tengas muchos recuerdos de los buenos momentos, físicos o digitales (por ejemplo: fotos, emails viejos, conversaciones de WhatsApp, notas de voz, videos, cartas, envolturas de regalos, joyería). Si cuando estás pasando por el dolor de un rompimiento te pones a ver o a escuchar estos materiales, lo único que vas a lograr es caer en una espiral de culpa, nostalgia, melancolía y desesperación. Lo mejor que puedes hacer es desprenderte de estos objetos, o por lo menos alejarlos hasta que te sientas neutral para considerarlo. Pon todo esto en un lugar tan inaccesible como lo harías con un cuchillo profesional si tuvieras un niño de cinco años en casa; créeme, es igual de peligroso.

6) Pretender una realidad diferente

No finjas y no pretendas que estás bien si no lo estás. Mi sugerencia es que te ocupes de sanar y manejes un bajo perfil mientras; es decir, el consejo no es que todo el mundo perciba que estás sufriendo ni que hagas público tu dolor. Un bajo perfil significa que tratarás de hacer lo mejor que puedas considerando que te enfocarás en sanar como prioridad, y quizá tendrás que decir que no a todo aquello que te invite a fingir que estás bien.

El problema de fingir es que le mandas un mensaje a tu subconsciente de que la opinión de todos los demás es más importante que tú, y terminas desconectándote más y más de tu propia intuición y perpetúas el uso de máscaras haciendo imposible reconciliarte con quien eres en realidad para regresar al estado de amor propio que te mereces.

7) Miedo al futuro

Tenerle muchísimo miedo al futuro nos hace querer escapar; automáticamente seguimos volteando al pasado deseando de alguna manera volver atrás. Recuerdo que a mí el futuro me aterrorizaba porque parecía muy incierto y difícil de enfrentar. Me imaginaba muchos años complicados por delante, y la realidad es que todo ese tiempo pensando en el futuro fue absurdo. Nada de lo que me aterrorizaba pasó porque logré sanar mi corazón y ver todo desde una nueva perspectiva en la que el futuro era otra vez emocionante y lleno de posibilidades.

Si alguien me hubiera dicho por aquel entonces que "no tuviera miedo" —aquellos días en que vibraba tan bajo y me sentía tan sola—, seguramente me habría sentido más incomprendida aún. Así que yo no te voy a decir que no temas un futuro complicado y solitario; lo que te quiero proponer es que vayas un día a la vez: hoy sólo preocúpate por HOY, mañana te preocuparás por mañana, y así será más fácil salir de esto.

Creencias limitantes

Una de las razones por las cuales nos apegamos a algo aunque no funcione es porque tenemos un montón de creencias al respecto, miles de ideas dando vueltas en nuestra cabeza que nos hacen dudar de todo: de nosotros, de lo que podemos lograr, de lo que nuestro corazón nos pide, de nuestra propia intuición, y mejor nos vamos por lo que según esas creencias nos conviene más. El problema es que no todo lo que creemos nos conviene ni es verdad.

Para seguir adelante tienes que entender cómo se forman las creencias:

1) Creencias heredadas

Cuando nacemos empezamos a absorber información del mundo que nos rodea y a creer que es verdad todo lo que nos dicen sin importar qué sea; confiamos porque nos lo dice alguien que nos cuida y provee; todo esto es normal y tiene sentido. Algunas creencias heredadas pueden ser muy positivas como "puedes lograr lo que te propongas", "eres más que suficiente", "eres una niña increíble", "el amor es hermoso"... El problema es que las creencias no siempre nos convienen cuando parten de un paradigma limitado o herido: "el amor engorda", "el dinero es difícil de conseguir", "los hombres son infieles", "las mujeres pertenecen a la cocina", "si actúas de cierta manera no te valorarán"... Absorbemos estas creencias y por repetición las hacemos nuestras, las interiorizamos, y con el paso del tiempo terminamos creando una realidad que va de la mano con lo que ya creíamos previamente.

Seguro has experimentado o visto en personas cercanas cómo se repiten patrones generacionales. Por ejemplo: "mi papá siempre le fue infiel a mi mamá, y yo me la paso manifestando hombres infieles" o "el dinero siempre hizo falta en mi casa y ahora yo siempre lucho para que me alcance la quincena".

2) Creencias con base en nuestra experiencia

Éstas sí son creadas por nosotros y surgen con base en algo que experimentamos. También pueden ser positivas o negativas. Las positivas son simples: "hacer ejercicio me hace bien", "logro todo lo que me propongo", "soy una buena amiga", "tengo habilidades y talentos"… Las que nos meten el pie son las creencias que se generan a través de las experiencias que nos producen dolor: "siempre me mienten", "mis amigos sólo me quieren cuando les ayudo", "como no tengo dinero me dejan mis parejas", "como estoy pasado de peso no puedo ser correspondido", etcétera. Nos aferramos tanto a estas creencias y hasta las defendemos porque *tenemos las pruebas, ya nos pasó*. Esas historias dolorosas que nos contamos mil veces hacen que se repitan las manifestaciones de otras similares.

Yo me aferraba muchísimo a mi Ex, y quería regresar por todos los medios porque tenía la creencia de que "a mí nadie me escoge". Tenía un montón de cuentos en mi subconsciente de varios momentos en mi vida donde fui rechazada: siempre me enamoraba de alguien que no me correspondía; cuando me ilusionaban no era tomada en cuenta (por ejemplo, cuando se trataba de premios o concursos de la escuela); y nunca fui relevante en algo en lo que me interesara participar. Se me hizo esta creencia enredada con la sensación de "no ser especial" y la idea de que no tenía "nada valioso que aportar". Cuando mi Ex y yo iniciamos me sentí sumamente especial y correspondida; pero cinco años después, cuando terminamos, la vieja creencia regresó a atormentarme y llenarme de miedo.

Otra creencia que tenía giraba en torno al tiempo: "todo lo bueno en mi vida tarda mucho en llegar". Esta creencia se reforzaba con otra: "Ve cuánto tiempo te tardaste en encontrarte con Dios, en enamorarte de alguien que te correspondiera, en entrar a estudiar la carrera que querías… De aquí a que encuentres a alguien más…" Esa espera me asustaba mucho, así que prefería regresar atrás que volver a pasar por el suplicio de la espera y sus potenciales fracasos.

Cuando identifiqué estas creencias limitantes particulares a mi vida —que se activaban en mi mente y me causaban miedo, tristeza y desesperación— hubo muchísima claridad. Aunque no me libré de las emociones densas, cuando menos comencé a disipar "la bruma espesa" y a entender el porqué de mi obsesión con una relación que claramente no me hacía bien.

¿Cómo se cambian las creencias?

Cuando les explico el tema de las creencias limitantes a mis clientes de *coaching* individual, generalmente me preguntan lo mismo: "¿cómo dejo de creer esto?" Ni tú ni yo podemos solamente dejar de creer algo, no podemos sin más dejar un hoyo negro en nuestra mente. Pero lo que sí podemos hacer es **remplazar esa creencia por otra**.

Todas las creencias se crean por repetición, así que, si ya te diste cuenta de que tienes una creencia limitante respecto a tu valor, por ejemplo, lo que tienes que hacer es escoger qué te gustaría creer en lugar de eso. Una vez que lo tengas claro tienes que empezar a repetir tu nueva creencia y poco a poco se irá remplazando.

EJERCICIO PRÁCTICO

Toma tu cuaderno y comienza a hacer una lista de las creencias que de inmediato vengan a tu mente por cada uno de los temas que te pongo abajo. No las juzgues, sólo escribe lo que a ti te parece, lo que has pensado por tanto tiempo que te resulta normal. No importa si las creencias se escuchan positivas o negativas; lo que importa es que las veas escritas y las tengas claras. Después con calma podrás analizarlas y decidir cuáles te sirven porque te gustan y cuáles te están afectando. Puedes empezar a remplazarlas poco a poco.

Cuestiónate lo que crees acerca de la soltería, el divorcio, el dinero, el matrimonio, el sexo, la maternidad, la amistad, la lealtad, la soledad, la muerte, envejecer, tu cuerpo, los hijos, el trabajo, tu edad, la familia, etcétera.

Ojo: este ejercicio puede ser eterno, así que enfócate en darle un jalón inicial y poner todo lo que te venga a la cabeza durante un par de días; después, siéntete libre de ir agregando más sobre la marcha, conforme detectes creencias más profundas.

4

HUMILLACIONES Y PERDÓN: PARA SANAR HAY QUE SENTIR

Las humillaciones que vivimos generan creencias limitantes cuando no las procesamos (en el capítulo pasado te expliqué que éstas son las creencias que surgen debido a experiencias desagradables o dolorosas de la vida). Llegamos a conclusiones drásticas que nos hacen esperar que lo mismo vuelva a pasar y así terminamos manifestando lo que no queremos.

Cuando estamos pasando por un rompimiento donde se dieron humillaciones (o quizá se siguen dando), y nunca antes las habíamos sentido, corremos el riesgo de que generen más de estas creencias limitantes, las cuales nos afectarán en el futuro si no lidiamos con ellas. Lo mejor que podemos hacer es reprogramar esas humillaciones antes de que se asienten en nuestro subconsciente como creencias. Recuerda que todas las creencias se forman con base en la repetición, por lo que cuando nos obsesionamos con "lo que pasó", "lo que me dijo", "lo que más me duele", "lo que no le voy a perdonar", provocamos el arraigo de estas ideas.

Si dejamos que pase el tiempo, las nuevas creencias limitantes nos alejan más de manifestar la vida que queremos, específicamente, de recibir el amor de pareja que nuestro corazón anhela.

Iniciamos nuevas relaciones llenas de miedo, protegiéndonos para que no nos vuelva a pasar lo mismo, y nos ponemos máscaras para lograrlo; nos alejamos cada vez más de nuestra esencia y, en el proceso, la nueva persona que entra a nuestra vida termina pagando por las desventuras de nuestra relación pasada.

Esto es tan común que quizá ya te ha ocurrido: arrastraste miedos de relaciones anteriores a tu última relación, o tal vez fue tu Ex quien cargaba con mecanismos de defensa que usó contigo pero venían de una relación anterior.

¿Cuántas veces hemos escuchado historias parecidas a las siguientes?

"Él ya no quiere ningún compromiso porque su última novia fue muy controladora."

"Ella se volvió una cabrona porque su Ex le fue infiel."

"Él dice que jamás se volverá a casar porque en su matrimonio le fue fatal."

"Ella le checa el celular a su novio porque su Ex la engañó horrible."

Las humillaciones nos trauman porque son eso: TRAUMAS. El dolor de una traición, mentira, abuso, engaño, remplazo, celos, control, manipulación, chantajes y demás se graba en nuestro subconsciente, ¡y después nos preguntamos por qué saboteamos nuestras relaciones! Es simplemente un mecanismo de defensa que activamos para no arriesgarnos a volver a salir lastimados. Y somos tan poderosos que todo esto pasa sin darnos cuenta: activamos protectores de forma automática y actuamos conforme a eso. Esos protectores son difíciles de controlar porque están basados en experiencias reales de rechazo y terminan impactando nuestro futuro: se convierten en inseguridades, complejos físicos, cambios de personalidad, aislamiento social y comportamientos ansiosos.

Todo se complica porque no dejamos de querer amar y ser amados, ¿verdad? Sería muy fácil seguir adelante con nuestra vida prescindiendo de una conexión con alguien que nos correspondiera. El "problema" (en realidad es una bendición que nos guía a sanar y no conformarnos) es que nuestro corazón no dejará de anhelarla.

Entonces, ¿cómo le hacemos para sanar esas humillaciones recientes ahora mismo y no permitir que se vuelvan creencias limitantes?

El perdón

Pensamos que debemos perdonar, pero no tenemos idea de cómo liberarnos de los códigos de significado creados a través de los traumas que no procesamos.

El perdón prematuro

Estoy segura de que nunca habías escuchado que hay un perdón que sucede demasiado pronto, pero es verdad. El perdón acelerado por razones morales, religiosas o culturales, sin que haya ningún tipo de decisión consiente, es contraproducente y superficial.

Contraproducente porque terminamos negando la importancia de lo que pasó, perdemos tiempo tratando de olvidar, queremos cambiar la página sin ningún tipo de reflexión, y eso nos da en la herida del abandono, lo cual nos hace sentir cada día menos valiosos.

Y **superficial** porque en realidad no perdonamos, seguimos cargando la cruz de lo que pasó, pero, como dijimos que ya hemos perdonado, no vamos más profundo (técnicamente, si perdonamos, ¿para qué le seguimos rascando?).

El perdón que trasciende

Perdonar es un arte complejo. Sé que hoy puede parecer imposible perdonar de verdad, desde el fondo de tu corazón, pero ése es el único perdón que de verdad te va a liberar. Lo primero que hay que pensar es que, si vas a perdonar, lo harás porque te lo mereces tú; el perdón no depende de que tu Ex se lo merezca o no.

La buena noticia es que entonces el perdón no se fuerza, sólo tienes que querer hacerlo por tu propio bien. Y todo empieza con una intención: "Aún me duele mucho, pero mi intención es perdonar lo más pronto posible".

El poder de la intención: tienes muchísimo poder para conseguir lo que quieres. El problema es que vamos por la vida sin intención, llenos de dudas y sin saber realmente cuál es nuestro objetivo; pero en el momento en que nuestra mente escucha de nuestra boca cuál es nuestra **intención**, empieza a idear cómo conseguirlo.

Entonces, perdonar no es inmediato, pero pasará si estás dispuesta a que pase. Y mientras te ocupes de sanar, verás que el perdón llega naturalmente, ya que no hay forma de que estés sana y feliz, rehaciendo tu vida, llena de sueños por delante, y que voluntariamente escojas seguir aferrándote a las ofensas del pasado.

Antes de seguir adelante vale la pena aclarar que perdonar no significa olvidar: perdonar simplemente nos permite liberar y mover nuestra energía hacia delante sin cargar por siempre las humillaciones vividas.

Inventario de humillaciones

No hay forma de sanar sin saber qué estamos sanando exactamente, así que vamos a hacer una lista de todo lo que pasa por tu mente cuando no puedes dormir. Empezaremos desde lo más básico.

EJERCICIO PRÁCTICO

Toma tu cuaderno y empieza a escribir una lista de todas las experiencias que pasaste con tu expareja donde saliste lastimada y en las que no puedes dejar de pensar. Atrévete a dejar salir de tu corazón todos estos momentos que quizá, por un lado, quieres bloquear u olvidar, y por otro, hay algo que hace que te quieras aferrar a ellos hasta que se haga justicia.

No lo pienses dos veces, sólo haz la lista. No te juzgues, sólo escribe lo que salga de tu corazón (aquí no importa quién tiene la razón o si tienes dudas de haber malinterpretado la intención del otro): si para ti se sintió humillante, injusto o doloroso, apúntalo.

Reprogramación de humillaciones

Ya que tienes tu lista y no se te ocurre nada más que agregarle, podemos pasar a la siguiente parte de este ejercicio para sanar, liberar y reprogramar los significados de estas experiencias dolorosas. Para ello vamos a utilizar una herramienta maravillosa que quizá ya conozcas, pero lo haremos de una manera especial.

Ho'oponopono

Es un arte hawaiano muy antiguo de resolución de problemas. No es una secta, ni una religión: es una filosofía de vida. La palabra *ho'oponopono* significa "enmendar", "corregir un error". El objetivo principal es traer paz y equilibrio a la limpieza mental y física de manera simple y efectiva a través de un proceso de sanación, reconciliación y perdón.

Todo lo que se manifiesta en nuestra vida tiene su origen en un pensamiento, esto es fácil de reconocer cuando se trata de nuestros logros y grandes victorias, pero también incluye las fallas y errores que nos dan oportunidad de soltar, de limpiar y de reparar la programación mental que le dio origen. Si quieres cambiar algo, primero tienes que borrar la programación mental que le dio origen, crear un espacio vacío en tu mente para llenarlo con la información que quieres que lo remplace y entonces crear algo diferente. El ho'oponopono nos reta a tomar el 100% de la responsabilidad. Recuerda que tú atraes todo lo que llega a tu vida. No te das cuenta, pero los paradigmas funcionando dentro de ti atraen todo lo que pasa en tu realidad.

Esta herramienta es extremadamente sencilla, sólo tienes que verbalizar las siguientes cuatro consignas:

66

Lo siento, perdóname, gracias, te amo. 99

¿Cómo usar el Ho'oponopono?

Lo que generalmente confunde a mis clientes de *coaching* es pensar que van a decirle *lo siento, perdóname, gracias y te amo* a su Ex, y, por supuesto, les causa corto circuito. Pero no te preocupes, porque eso no es lo que vamos a hacer en absoluto.

Lo que vamos a hacer es encontrar las experiencias humillantes (ya las apuntaste en tu lista) y vamos a considerar cada una de ellas como experiencias a redimir en tu mente. El ho'oponopono vas a dirigirlo a la experiencia triste o dolorosa, no a las personas involucradas (tu Ex, el o la amante, la suegra, la tía que se metió, tu mamá o papá, tu amiga enredosa, la vecina o el amigo chismoso no importan en este paso).

- **Lo siento:** [experiencia] porque yo contribuí a que sucediera.
- **Perdóname:** [experiencia] por las heridas que hay en mí que te aceptaron en mi realidad.
- **Gracias:** [experiencia] porque me enseñas lo que tengo que cambiar y aprender.
- **Te amo:** [experiencia] porque me das el regalo de trascender el dolor y regresar al amor.

Si sientes que tu vida no fluye porque las experiencias vividas te marcaron, empieza a practicar esta poderosa técnica de sanación y verás que las experiencias dolorosas se transforman sutilmente y te conduce a la aceptación positiva todo lo ocurrido.

EJERCICIO PRÁCTICO

Toma tu lista de humillaciones y ve cada punto como una de esas experiencias a las que les vamos a pasar estas poderosas palabras por encima: "lo siento, perdóname, gracias, te amo".
Si te cuesta trabajo o sientes resistencia, recuerda que esto no va dirigido a quien te lastimó. Esto es para reprogramar las experiencias dolorosas y que no se formen creencias limitantes respecto a tu valor.

1. Identifica la primera experiencia humillante en tu lista; co-
    necta la emoción que te genera el recuerdo de lo vivido.
2. Repite las palabras "lo siento, perdóname, gracias, te amo"
    dos o tres veces con esa experiencia en mente permitiendo
    que tu sistema nervioso libere un poco de tensión con la
    energía de las palabras.
3. Cuando estés lista, pasa a la segunda experiencia de tu
    lista y repite el proceso. Date unos descansos y avanza
    poco a poco; este ejercicio puede ser bastante cansado.
4. Después de hacer esto con toda tu lista, permítete hacer-
    lo intuitivamente: cada que un recuerdo desagradable
    llegue a tu mente, reprográmalo. Es irrelevante el orden
    que utilices, o si repites más veces unas palabras que otras.
    Lo importante es que seas constante: así como con el
    ejercicio físico, la única forma de ver resultados es reali-
    zar la técnica con determinación y perseverancia.
5. Por último, deja que todo fluya. No pongas presión en el
    resultado.

Si no reprogramas esas humillaciones, continuarás arrastrando las emociones que te provocan y experimentando los
achaques que traen en forma de inseguridades, reservas,
desconfianza, amargura, etcétera.

Algo hermoso está sucediendo dentro de ti

Date cuenta de que cuando cambias el significado de las experiencias humillantes liberas emociones sumamente desagradables y te permites sentirte mejor. Desde ese lugar es
que el perdón auténtico se va dando. Por supuesto que es más
sencillo perdonar a alguien cuando lo que me hizo lo veo
con emociones neutras.

Que perdonar no sea el pretexto

Muchos de mis clientes de *coaching* empiezan a ver resultados inmediatamente cuando hacen estos ejercicios de reconciliación interior: se sienten más fuertes y perciben que el perdón se está dando. Uno de los posibles tropiezos en este proceso es creer que le debemos comunicar a nuestro Ex que lo hemos perdonado. Nos surge la idea de escribirle una carta, mandarle un mensaje o proponerle vernos para contarle lo que hemos pensado y reflexionado. De alguna manera llegamos a la conclusión de que comunicarle a la otra persona que estamos en proceso de trascender los problemas que tuvimos o nuestro cambio de sentir respecto al otro ayudará a terminar de cerrar el ciclo. La intención de tener este contacto con nuestro Ex puede parecer bienintencionada, incluso noble; sin embargo, es prematuro pretender que es momento de reconectar con el otro. El proceso de sanar nuestro corazón está muy verde, aún tenemos que fortalecer nuestro amor propio, antes de ponernos en una situación vulnerable donde muchas cosas pueden salir mal.

Uno de mis clientes de *coaching* empezó a sentir un progreso muy grande después de ingresar a uno de mis cursos (Epic Heart). Reflexionó y procesó muchos eventos que antes no había entendido, y decidió escribirle una carta a su Ex, siguiendo el consejo de su psicóloga. En esa carta le decía a su expareja que la soltaba, que ya no tenía nada más que perdonarle, que se sentía tranquilo de dejarla ir. Inmediatamente, la chica sintió mucho miedo de perderlo, sintió la fuga de energía que él le significaba, aun habiendo terminado, y sin más lo besó. Él aún estaba en una situación vulnerable y su proceso de sanación era frágil. Esa noche terminaron teniendo sexo, y al día siguiente ella estaba lista para nunca más volver con él. El proceso de mi cliente quedó completamente arruinado, con humillaciones nuevas, con más culpa, con más tristeza y con más rabia.

Después de hacer estos ejercicios, definitivamente te sentirás mucho más ligera y tal vez sea tan contrastante la sensación que pienses que estás lo suficientemente fuerte; pero la realidad es que la solución al problema de un corazón roto no sólo radica en perdonar. Así que, si ahorita te sientes mejor y has sido fiel a todos los ejercicios que te he propuesto, es muy importante que sigas adelante. Hasta este momento mi intención ha sido aligerar la tensión de tu sistema nervioso para poder llegar a las capas más profundas de tu problema de amor propio y merecimiento.

Para sanar hay que sentir

Cuando estamos enfermos queremos sanar, pero generalmente nos resistimos a ir al doctor por temor a lo que podamos sentir; da miedo que el procedimiento sea doloroso y lo postergamos hasta que la enfermedad se vuelve insoportable. Muchos dentistas, por ejemplo, terminan teniendo que sacar muelas porque el paciente se presentó mucho tiempo después de haber notado síntomas de sensibilidad o dolor.

Cuando se trata de asuntos del alma y el corazón pasa lo mismo: no queremos recordar; bloqueamos y evadimos porque tenemos miedo de cómo se va a sentir el proceso.

Queremos que pase el tiempo y por arte de magia sanemos, que un día nos despertemos sin traumas, sin inseguridades, sin amargura y sin resentimientos.

Para sanar hay que limpiar, desinfectar, rascar y sacar todo lo que no es parte de tu verdadera esencia, y eso duele; se puede sentir de varias maneras, dependiendo de lo que vayamos encontrando.

Estamos acostumbrados a etiquetar las emociones como buenas o malas: si sentimos algo feo, lo identificamos como tristeza, coraje, ira, envidia; y si nos sentimos bien, lo llamamos amor, paz, abundancia, felicidad. Lo cierto es que las emociones no son ni buenas ni malas: sólo son categorías que les damos a las diferentes frecuencias en las que nosotros —que somos energía— vibramos.

Las emociones de baja frecuencia generalmente son densas y eso se siente desagradable. Las emociones de alta frecuencia se sienten placenteras.

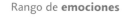

Rango de **emociones**

EXPERIENCIA HUMANA

Lo importante que debes saber para empezar a dejar de tenerle tanto miedo a sentir es que todas las emociones son parte de la experiencia humana; es decir, no te va a pasar nada si las sientes. Tu sistema nervioso está capacitado para sentir y procesar todas las frecuencias de energía existentes.

Como nadie nos enseña a sentir, de manera automática nos dan mucho miedo las emociones densas, las de baja frecuencia; nos petrifican y nos bloqueamos. Huimos y tratamos por todos los medios de no sentirlas; evadimos el trabajo interno porque nos incomodan la tristeza, el abandono, la rabia y el coraje. Recurrimos a adormecedores para calmar nuestro sistema nervioso: alcohol, drogas, antidepresivos, televisión, trabajo, sexo, redes sociales, pastillas para dormir, etcétera. Pero ignoramos que cuando hacemos esto y optamos por dejar de sentir las emociones de un espectro (o sea, de un lado, positivo o negativo), también bloqueamos el otro espectro, ya que las emociones son polarizadas.

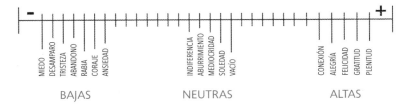

Rango de **emociones**

¿Qué significa que las emociones son polarizadas?

Que son como los dos lados de una moneda, no te puedes quedar sólo con uno; si no quieres un lado de la moneda, ésta desaparece por completo.

Cuando echas una moneda al aire siempre tienes la potencialidad de ambos lados. No podemos aventar una moneda y decir "un lado de la moneda no me gusta y por ende lo desaparezco".

Con las emociones es igual: cuando estamos contentos, por ejemplo, se abre automáticamente la posibilidad de la tristeza. Piénsalo: cuando te enamoras y sientes esas mariposas en la panza maravillosas, se abre la posibilidad de que te correspondan o de que te rechacen. Si no te arriesgas no hay forma de ganar; pero muchas personas se petrifican tanto ante la posibilidad de sentir rechazo que prefieren quedarse sin la moneda completa.

Otra manera de explicar esto es que las mismas emociones polarizadas nos enseñan por contraste: sólo sabemos cómo se siente la felicidad porque hemos sentido tristeza, y sólo sabemos qué es la tristeza porque hemos sentido felicidad. Si todo fuera felicidad, no sabríamos identificarla como tal, no sería nada especial.

Yo creo fielmente que tú y yo fuimos puestas en esta tierra para tener una experiencia humana rica y abundante, donde el mayor regalo es la posibilidad de sentir. Si tú eres un ser espiritual y estás en un cuerpo de carne y hueso con un sistema nervioso, lo más fascinante es sentir las frecuencias a las que tienes acceso vibracional. Si sanar heridas de tu infancia te pone muy triste y prefieres no hacer esa chamba y lo evades cada que algo te pone triste, lo más probable es que nunca sientas la felicidad a la que tienes derecho como ser humano. Te quedas sin la moneda completa.

Y esa escala de emociones se reduce drásticamente si ignoramos tanto las bajas como las altas; nos quedamos sólo con las neutras, las tibias: indiferencia, mediocridad, vacío, aburrimiento.

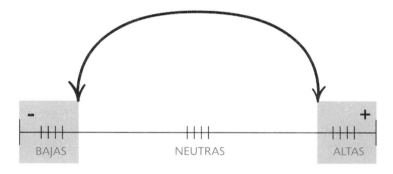

Como esas emociones neutras no se polarizan con nada, te mantienen en estado zombi; son las que te hacen sentir que la vida es plana. Y no hay forma de salir de esa zona a menos que te atrevas a abrir el espectro de ambos lados.

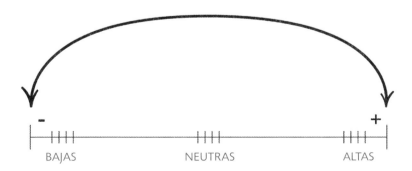

Si te animas a abrir el espectro cuando claramente estás en un mal momento y pasando por los síntomas de un corazón roto, definitivamente vas a inclinarte hacia las emociones densas y tendrás que sentir para liberarlas y poder sanar. La meta es que te sientas como quieres, que vivas esta vida en plenitud y que disfrutes de las emociones placenteras.

Si ahorita estás vibrando bajo y quieres vibrar alto, vas a tener que moverte por la escala poco a poco, y la única manera de moverte es sintiendo las emociones que estén presentes. Sólo puedes salir de la tristeza si sientes la tristeza que ya está en ti; si la evades ahí te atoras y te quedas; si la bloqueas y te llenas de pastillas o de alcohol, te vas a las neutras y vives en el limbo de las adicciones o adormecedores.

Debemos evolucionar de la mano de las emociones

Fluir despacio y con valentía es lo mejor para tu sistema nervioso, para que te muevas con conciencia de tu proceso y reflexión por la escala de las emociones. Me ha tocado ver muchas veces cómo algunas personas, en la tristeza total, de un día para otro quieren ser felices: van a un retiro de sanación o a uno de esos eventos de positividad intensos, y salen aparentemente radiantes; pasan unos días y, al menor descuido, se van en caída libre hasta la desesperanza. Estas experiencias yo las llamo "sanación de llamarada de petate" y suceden porque el sistema nervioso entra en *shock* y busca normalizarlas. Sin embargo, no es sostenible de la misma manera que cuando un cuerpo rápidamente baja mucho de peso, luego tiene un rebote y termina pesando más: el cuerpo, descompensado, en su intento por normalizarse, regresa al otro extremo y hasta se pasa.

Vale más la pena que vayas despacio, sintiendo, reflexionando, procesando y subiendo en la escala, acostumbrando a tu cuerpo a soltar una emoción y pasar a otra que esté en una frecuencia sólo un poquito menos densa.

Créeme: si eres constante terminarás llegando a la meta más rápido de lo que te imaginas, tal cual la tortuga le ganó a la liebre.

Si estás triste, mejor empútate

Uno de los episodios más escuchados de mi pódcast *Reinvéntate* se llama como el título de esta sección, y fue la manera más rápida que se me ocurrió para explicarle a mi audiencia este punto: si te sientes muy triste, seguro estás en parálisis, porque es una emoción muy densa que se manifiesta en el cuerpo con debilidad y pesadez. Pero si sientes esa tristeza y luego te permites pensar un poco diferente, puedes pasar al enojo, y esa energía, que es menos densa, te llevará a la acción.

En aquel episodio conté una anécdota que te quiero compartir aquí también para ilustrar este punto. Uno de los momentos más humillantes que viví con mi Ex ocurrió cuando yo estaba tratando de que regresáramos y nos diéramos una nueva oportunidad. Le escribí una carta con todo mi corazón, fui a su casa y se la quería leer ahí, pero finalmente fuimos a un Starbucks. Para mí ese momento era de absoluta vulnerabilidad: me entregaba sin reservas y exponía mi corazón a sentir lo que fuera, ya que, según yo, estaba tan desesperada que no tenía nada que perder. Así que le leí la carta con lágrimas en los ojos y la voz cortada. Cuando terminé, él no me dijo gran cosa, sólo que quería ir al baño. En ese entonces él tenía dos celulares, y siempre cargaba con ambos como si fueran parte de su cuerpo. Se paró y los tomó para ir con ellos al baño, pero después de dar dos pasos, regresó a la mesa y dejó uno de los celulares enfrente de mí.

Fue un acto muy raro, premeditado y evidente; mi corazón se detuvo mientras observaba ahí, sola, el aparato. No lo levanté, sólo apreté el botón central del iPhone y se iluminó la pantalla mostrándome la foto de su vecina en bikini. Estaba completamente destruida, desamparada, triste y con mucho miedo de estas emociones; no me podía ni parar porque me temblaban las piernas. No podía creer que el hombre que había amado profundamente por cinco años escogía mostrarme eso después de escuchar mi carta. Lo peor de todo es que cuando volvió, yo fingí no haber visto nada; "tenía que no haber visto nada" para poder seguir rogando.

Los días siguientes fueron muy difíciles. Estaba sumamente triste; había sido mi último recurso para regresar (para no ir al doctor o al dentista, metafóricamente); no tenía ganas de comer, casi quiebro mi negocio por completo, ya que dejé de trabajar por meses, dejé de salir; tenía insomnio, taquicardia constante, etcétera. Pasé meses sintiéndome débil y obsesionándome con esa y miles de historias más. Aun habiendo iniciado mi proceso de sanación, esta historia me llenaba de vergüenza. "Cómo pude quedarme ahí, cómo no dije nada, cómo no rompí su celular en mil pedazos, cómo seguí rogando", me preguntaba, y regresaba a la tristeza fácilmente, hasta que mis pensamientos cambiaron un poquito. Quizá sólo se desviaron un grado, pero me llevaron finalmente a otra emoción.

Un día pensé: "Pinche hijo de su puta madre que fue tan cruel; no pisoteas ni a tu peor enemigo cuando ya está derrotado; fue un completo cobarde que no merecía ni una palabra de esa carta", y por arte de magia pasé de la tristeza a la rabia. Subí en la escala, sentí el cambio de frecuencia, la energía de mi cuerpo era otra, mis piernas no temblaban. No me metí a mi cama a tratar de dormir. ¿Sabes qué hice? Corrí a mi escritorio y saqué seis hojas de papel; las uní con cinta adhesiva e hice un gran póster que pegué detrás de la puerta de mi clóset. Marqué en él 90 cuadros: me propuse 90 días para hacer algo por mí (todo esto gracias a la frecuencia vibratoria de la rabia). Decidí que por 90 días no iba a fumar, no iba a meterme a redes y no iba a enterarme de nada que tuviera que ver con él. Cada día, si me sentía regresar a la tristeza, recordaba mi rabia y cómo en esa energía había podido activarme otra vez. El día 88 de los 90 marcados tuve mi primera cita con Jorge, un chico que conocí en el gimnasio al que empecé a ir motivada por esa rabia. Con Jorge no trascendió la relación, pero lo que sí recuerdo es que estaba superemocionada: estaba volviéndome experta en moverme por la escala de frecuencias y me estaba cambiando la vida.

Importante: Yo no quiero que te quedes en la rabia; de hecho, la única manera de quedarte en esa frecuencia sería negándote a sentirla cuando se presentara. Cuando sientes lo que de alguna manera ya está en ti es que puedes pasar a otra emoción. Y por supuesto, piensa en tu progreso siempre. Cuando sentí rabia pude haber querido ir a su casa a rayarle el carro, grafitearle las paredes y mentarle la madre; sin embargo, era obvio que eso no me traería nada bueno, así que pude usar mi rabia para hacer algo que ya sabía que me haría bien pero que desde la tristeza no lograba motivarme a iniciar.

La meta jamás será que te quedes sintiendo emociones de baja frecuencia, sólo que te abras a la potencialidad de ellas sin miedo, porque son parte de la vida y te pueden ayudar a sentir todas las emociones de alta frecuencia. Yo me quedé en la rabia el tiempo necesario hasta que, sin darme cuenta, pasé a otra y luego a otra, y otra más; me dejé sentir mi verdad y comencé a sanar.

Hoy esa historia que me generaba tanta vergüenza, tristeza y luego rabia me conecta con respeto y admiración a mi YO del pasado, que no tenía idea de qué hacía, pero definitivamente trató de hacer lo mejor que pudo con las herramientas que tenía a la mano. Hoy sigo siendo la misma romántica, intensa, apasionada que escribe cartas y lo da todo, sólo que ahora tengo mejores herramientas y sé sentir.

Hiciste lo que pudiste con las herramientas que tenías

Si te cuesta trabajo salir de las emociones autoflagelantes como la culpa o la vergüenza, tienes que darte un *break* de tanta autodestrucción. Hiciste lo mejor que pudiste, sólo que tus herramientas han sido el drama, los celos, el chantaje, la manipulación, las redes sociales, los gritos, los llantos, los reclamos, etcétera. Vas a sanar y vas a aprender otras que sacarán lo mejor de ti. Sólo sé valiente, te prometo que puedes.

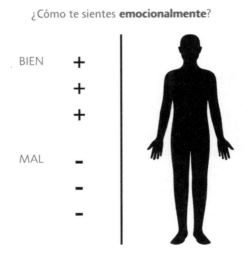

¿Cómo te sientes **emocionalmente**?

BIEN ＋
＋
＋

MAL －
－
－

ANALIZA tu **respuesta** y eso te da tu **frecuencia**

Antes de seguir adelante con este proceso donde tendrás que sentir —y ya sabes por qué es básico y necesario—, quiero recalcar que no estás sola. Aun en esos momentos de ansiedad, cuando nadie te ve, cuando no sabes cómo detener el mal viaje, cuando estás sufriendo grueso y crees que nadie te entiende, siempre has estado rodeada del amor infinito de Dios, y del otro lado de toda esta información despertarás tu propia conexión espiritual auténtica, plena y consciente.

5

¿POR QUÉ NO AVANZAMOS?

Hemos llegado a este momento y creo haberte dado ya suficientes herramientas e información para que sanes tu corazón y logres dejar atrás esa relación que no funciona o no funcionó; para que sanes tus heridas, reprogrames las humillaciones vividas y cambies las creencias limitantes que hasta ahora han guiado tu experiencia y no te han ayudado. Sin embargo, tengo mucho más que decirte, ya que en este camino va a haber tropiezos, bajones y estancamientos.

Por mucho, la pregunta más frecuente que me hacen mis clientes es "**¿es normal?**": "¿es normal que me den bajones?", "¿es normal que después de tanto trabajo otra vez me sienta triste?", "¿es normal que iba muy bien y ahora no tengo ganas de nada?", "¿es normal que todavía me afecte?"

¡Todo esto es normal! Aun cuando hemos neutralizado las emociones más densas, podemos caer en un limbo de frustración, envidia, celos, vergüenza y miedo al futuro. Desvalorizamos el trabajo que hemos hecho y le subimos el volumen al crítico interno. Nos atormentamos pensando en un futuro de soledad, la cuenta regresiva del reloj biológico o la vergüenza social ante nuestros fracasos amorosos.

No hay respuestas cortas para el corazón

No te desesperes ni compares tu proceso con el de nadie. La realidad es que sanar tu relación pasada es sólo la punta del iceberg: creemos que es "lo que pasó" lo que nos sigue poniendo mal, que es "lo que tenemos que enfrentar ahora" lo que nos abruma, y "lo que nos imaginamos", lo que nos asusta del futuro. Pero en realidad ES TODO, y visto desde un paradigma de conciencia, es todo por años y años atrás.

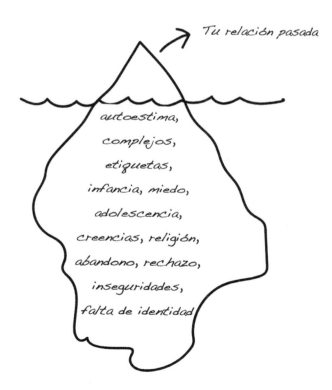

Tu relación pasada

autoestima,
complejos,
etiquetas,
infancia, miedo,
adolescencia,
creencias, religión,
abandono, rechazo,
inseguridades,
falta de identidad

¿Qué es un paradigma y de qué me sirve identificarlo?

Cuando hablamos de un *paradigma* nos referimos al conjunto de creencias acumuladas que generan nuestra visión del mundo. No solamente las creencias positivas y negativas que tenemos ante cualquier cosa; también lo que consideramos como coherente, valioso, chistoso, posible; o lo que entendemos como normal, sentido común, típico o estándar. Nuestro paradigma de creencias nos da una idea global que usamos para interpretar todo lo que pasa a nuestro alrededor.

El paradigma se crea solito desde que nacemos y queda prácticamente conformado cuando cumplimos siete años. Después, poco a poco, sólo le agregamos más creencias a partir de nuevas experiencias o de la repetición de otras (lo que nos taladran en la cabeza los demás: padres, maestros, noticias, líderes, culturas, parejas, amistades, mentores, religiones). El paradigma es el "mapa" al que tenemos acceso: podemos movernos por ahí y crear para nosotros todo lo que tenga sentido según éste.

La mala noticia es que muchos de esos mapas son tan reducidos que tenemos una visión muy limitada de lo que merecemos o de lo que en la vida es posible para nosotros. No podrás crear nada que no esté contemplado en tu mapa.

La buena noticia es que yo te estoy enseñando no sólo a que sanes tu corazón, sino a que cambies por completo tu paradigma, que expandas tu "mapa" tanto como quieras y así transformes todo tu futuro radicalmente.

¿Has escuchado la expresión "Algunos nacen con estrella y otros nacen estrellados"? Bueno, pues yo creo que todos nacemos con estrella, pero nuestros paradigmas nos dan realidades y posibilidades totalmente diferentes. Esto no depende de que seamos "buenos" o "malos", sino de lo que asumimos y esperamos de la vida.

Hay mil historias inspiradoras en las que alguien transforma su vida o cumple un sueño que parecía imposible, y esto es prueba de que todos podemos despertar nuestra conciencia, tomar las riendas de nuestro paradigma, y así expandir nuestro mapa tanto como deseemos.

Empache de información

Quizá en este momento te sientes abrumada por tanta información; y si no es así, quizá te pase más adelante, no sólo respecto a este libro. A partir de ahora serás más consciente de todo lo que pasa a tu alrededor, y eso puede sentirse como una carga muy pesada al inicio. Es normal, es una etapa de adaptación. No te preocupes y date un descanso.

A mis clientes de *coaching* siempre les digo que no importa qué tan lento vayan, lo que importa es que no saboteen o abandonen el proceso. Podemos ir despacio, pero con pasos firmes para no volver atrás o para no olvidar.

Ir despacio no significa que no estés avanzando, sólo significa que por momentos vas a variar el ritmo. Muchos de mis clientes, cuando sienten este "empache", me dicen que no saben por qué si empezaron *tan bien* ahora se sienten *tan abrumados*. Mi respuesta es la misma siempre: "Nada más no te detengas, descansa un poco, revisa tus apuntes pasados, obsérvate, haz algo simbólico diario y permite que el ritmo de tu proceso se desenvuelva dándole paz a tu corazón".

Crítico interno *vs.* honestidad radical

Todos tenemos diferentes voces dentro de nuestra mente, y es que nosotros mismos podemos cubrir diferentes roles según nuestra manera de pensar. Seguramente has escuchado hablar del famoso "crítico interno", esa voz agresiva, criticona, abusiva, que nos dice *que no vamos a poder, que todo nos sale mal, que no tiene sentido intentarlo*... Toda voz interna que vaya en esta línea de rechazo, abandono y desesperanza es la voz que debemos detener.

Y aquí te quiero retar a que empieces a tratarte con el respeto que le tendrías a alguien que aprecias y valoras. No te atreverías a hablarle así a alguien que quieres tener en tu vida, ¿cierto? Me parece que independientemente de nuestro paradigma de creencias, todos —menos la gente absurda, abusiva y narcisista— sabemos que no tenemos derecho a cortarle las alas a nadie; sin embargo, sin prestar atención a nuestra mente, nos atacamos y nos desvaloramos internamente todo el tiempo.

Algunas personas me preguntan: "Esther, pero ¿cómo le hago para callar la voz del crítico interno?", y aquí la verdad es que no hay mucha complicación: sólo date cuenta cuando estés atacándote, detente y cambia el guion. Tan simple como eso. La práctica es lo que te dará destreza, pero en realidad no es difícil detectar cuando estamos siendo abusivos con nosotros mismos. Cuando empiezas a sentirte sin ganas de seguir adelante, podemos asumir que te permitiste pensar cosas que te robaron la motivación. Entonces, ¿qué pensamientos debemos detener? Todos los que empiecen con:

"Yo no puedo porque..."

"Siempre me pasa lo mismo, ya mejor me rindo."

"Si seguro fracasaré, ¿para qué lo intento?"

"Todo el esfuerzo es inútil."

"Es demasiado para mí."

"No puedo más."

"No vale la pena."

"Nada me funciona."

"Estoy bloqueada."

"Ya lo intenté todo."

"Para mí es más difícil que para los demás."

Cualquier cosa que esté en esa línea te va a hacer desistir y te generará debilidad para continuar. No hay receta secreta para que dejes de hacer esto, sólo es cosa de que tú tengas la capacidad de detener ese guion en el instante en el que lo identifiques; quizá al inicio hasta a media frase te quedes congelado y luego te atrevas a cambiarlo por otro diálogo más honesto y autocompasivo.

Positividad desechable

Para callar la voz del crítico interno algunas personas recurren a las afirmaciones y a los decretos. En lo personal, a mí me gusta mucho verbalizar lo que quiero y lo hago todos los días. Afirmar y declarar sobre tu vida funciona.

¿Cuál es el problema entonces? ¿Por qué algunos ven resultados y otros no? Mucha gente tropieza creyendo que "ser positivos" va a dar resultados inmediatos; y al poco tiempo se frustran al pensar que no les funcionó. Recordemos que todas las creencias surgen con base en la repetición, pero también hay otro factor que debemos tomar en cuenta: lo que repetimos se tiene que sentir, y debe ser al menos un poquito viable para nuestra mente subconsciente, ya que si lo que decretamos se siente absurdo, nada de lo que digamos importará ni penetrará. Afirmar "de dientes para afuera" no va a tener ningún efecto.

Para que las afirmaciones y decretos funcionen tenemos que estirar nuestra capacidad de creer, ver y llegar a sentir la posibilidad de nuestras palabras impactando nuestra vibración, o sea, la emoción presente. Por ejemplo, si estás experimentando escasez de dinero y llevas así bastante tiempo, declarar "soy millonario" miles de veces posiblemente no impactará tu realidad. La clave para saber si tu afirmación es de dientes para afuera es que te preguntes: "¿Esto que declaro me hace sentir mejor, me emociona, me ayuda a visualizar mi futuro? ¿O no se siente nada, como palabras aisladas de mis emociones actuales?" Por supuesto la idea es que seas positiva, pero si las afirmaciones son demasiado retadoras para tu subconsciente vas a estar perdiendo el tiempo y sentirás que no avanzas.

Para salir de este atolladero emocional hay que ser estratégica con la positividad, para que sí penetre y para que la repetición fortalezca nuestra capacidad de empezar a aceptar un cambio real y duradero en nuestra vida. Entonces, con base en el ejemplo anterior, lo mejor para manifestar la abundancia no es decir "soy millonario" —a menos que sí te emocione y sí conectes—, sino "siempre me alcanza para lo que necesito". Quizá tampoco sea verdad aún, pero tu subconsciente lo recibe mejor y te permite sentir la emoción de que pronto eso pueda hacerse realidad.

Inspírate con estos ejemplos:

Pensamiento desfavorable actual: "No soy atractiva y por eso nadie me corresponde".
Afirmativa positiva que no penetra: "Soy perfecta por dentro y por fuera".

Afirmativa positiva que sí penetra: "Cada día aprendo a amarme más y mejor".

Pensamiento desfavorable actual: "Nadie me toma en cuenta, y me siento una fracasada".
Afirmativa positiva que no penetra: "Soy una fregona y todo el mundo me admira".
Afirmativa positiva que sí penetra: "Hoy tomo decisiones que me acercan a cumplir mis metas".

Pensamiento desfavorable actual: "Me siento estancada y no sé cuál es mi vocación".
Afirmativa positiva que no penetra: "El éxito prevalece en todas las áreas de mi vida".
Afirmativa positiva que sí penetra: "Inicio un viaje de auto-conocimiento que cambiará mi vida".

Pensamiento desfavorable actual: "Me da mucho miedo fracasar o que me rechacen".
Afirmativa positiva que no penetra: "Soy valiente y nada me detiene".
Afirmativa positiva que sí penetra: "Soy fiel al proceso y no me detendré".

La clave es que seamos un poco creativas para darle a nuestra mente declaraciones y afirmaciones que al menos emocionen un poco a nuestro corazón y éste se atreva a confiar y creer. Así, poco a poco, puedes ir midiendo y expandiendo tu capacidad de sentir más y más.

Ahora ya lo sabes: si repites como perico, esto no va a funcionar.

EJERCICIO PRÁCTICO

Saca tu cuaderno y haz un poco de memoria:

* ¿Qué es lo que te dice tu crítico interno en esos momentos de bajón?
* ¿Cuáles son esos pensamientos o ideas que te acongojan?

Sincérate y no te censures. Cuando sentimos que no avanzamos y empezamos a desvalorar nuestro esfuerzo, es porque hay ideas letales pasando por tu mente. Apúntalas y después decide qué prefieres pensar.

¡No sabes los malviajes que yo tenía!: "Treintona y quedada", "Como diseñadora me voy a morir de hambre, me equivoqué de carrera", "Nunca podré independizarme a este ritmo", "Perdí cinco años de mi vida en esa relación", "Soy la única de mis amigos que no ha construido nada", "Qué vergüenza cumplir 30 años así"…

Tú tienes tus propias frases: sácalas y revísalas. Asómate debajo de la cama y busca a esos monstruos que te quitan el sueño; date cuenta de que son sombras nada más. Sólo tú puedes desmantelar ese diálogo.

Por más que hagas todo lo que te propongo, si ese diálogo interno sigue sucediendo, te vas a estancar una y otra vez. Así que es hora de prestar atención a lo que te estás diciendo.

Adicción al drama

Parece imposible que tengamos una adicción a lo que nos genera estrés; sin embargo, es más común de lo que te imaginas, y nos pasa a todos en algún momento. Por lo general, sucede cuando estamos despertando nuestra conciencia ante nuestro verdadero poder interior, porque de alguna manera nuestros "dramas" o "luchas" han estado con nosotros tanto tiempo que sus raíces se enredan muy profundo con nuestra identidad.

Esas limitantes nos chocan y nos detienen de lo que decimos querer, pero si nos liberamos de ellas, quedamos en un limbo de posibilidades que nos retan a demostrar mucho de nuestra determinación, amor propio o capacidad de recibir. No es fácil porque, si ya no tenemos "problemas" o "pretextos" para quedarnos estancados, entramos en territorio vulnerable. Sin estos pretextos quedamos desnudos y nos resulta incómodo.

Es muy común que mis clientes me digan frases que evidencian su adicción al drama. Todo lo que aprenden les hace mucho sentido, los emociona y lo quieren aplicar, pero no saben cómo soltar lo que ha reforzado sus limitantes por tanto tiempo. Por ejemplo:

- "Esther, ya entendí que yo puedo cambiar mis creencias y me emociona mucho empezar a transformar mi realidad, pero por ahora no tengo tiempo porque mis hijos me necesitan."
- "Esther, ya entendí que el dinero es energía y yo puedo empezar a manifestar abundancia, pero mi situación es diferente, yo de verdad estoy muy endeudada."
- "Esther, ya entendí que mi Ex no me conviene y que debo sanar mi corazón, pero mi caso es diferente porque tenemos muchos amigos en común."
- "Esther, ya entendí que debo aprender a amarme ahora tal cual soy, pero si tú supieras cómo fue mi infancia, entenderías que es más difícil porque mi historia es muy triste."
- "Esther, ya decidí que quiero dejar de fumar y que no me conviene; también ya entendí que es un escape de

mi ansiedad y que podría empezar a meditar, pero por ahora no puedo porque mi trabajo es muy estresante."

- "Esther, ya sé que las redes sociales me generan mucha ansiedad y me están distrayendo de mi proceso, pero es que yo de verdad prefiero saber qué está pasando con mi Ex que tener la incertidumbre."

"Ya sé, ya sé, ya sé, pero…", "mi caso es diferente", "mi caso es más complicado", "por ahora no puedo". Piénsalo: ¿qué pasaría si decides que ese pretexto —que es real en tu vida hoy— no te detendrá más, que sí puedes, que sí tienes tiempo, que sí vale la pena priorizar? Hay veces que sólo tenemos que dejar de tener "peros". Ahí es cuando me dicen: "Pero no es justo, no es pretexto, en verdad no tengo dinero".

Es difícil, no te voy a decir que no. Es sumamente retador para nuestra mente callar los "peros" que tienen tanto sentido porque los vemos muy reales en nuestra vida. Apenas hoy en la mañana una de mis clientas de *coaching* me dijo: "Ya sé que todos los *peros* esconden una adicción al drama, se sienten verdaderos sólo porque han sido parte de mi paradigma de creencias por mucho tiempo, PERO TE PROMETO QUE AHORITA SÍ ES VERDAD que no puedo terminar mi relación porque no sé que haría sin él".

Tienes absoluto control de lo que pasa de tu piel hacia dentro. Sin "peros" a veces es verdad que no hay dinero, no hay tiempo, no hay espacio, no hay paz, no hay apoyo de la familia, etcétera; yo no digo que estés alucinando, que no sea cierto o que inventes algo que no existe. La clave es entender que mientras sigas usando "peros", seguirás perpetuando esa lucha, defendiendo tu drama y volviéndolo más fuerte.

Ve la diferencia:

"Quiero meterme a ese curso, pero no tengo dinero."

"Quiero meterme a ese curso y sé que pronto podré hacerlo."

"Quiero superar mi Ex, pero me es imposible dejar de pensar en él."

"Quiero superar mi Ex y sé que cada día me acerco más a lograrlo."

"Quiero perdonar, pero mi infancia fue horrible."

"Quiero perdonar y me abro a la posibilidad de que pase pronto."

Parece que es un tema de "semántica", pero es una evolución de oruga a mariposa, de víctima a persona responsable de su realidad, y ahí está la clave para que todo empiece a transformarse. Tenemos que hacer de nuestra lucha una victoria antes de dejar de luchar con ella. ¿Enredoso? Quizá, pero dale una oportunidad y te aseguro que tu vida va a cambiar ante tus ojos.

EJERCICIO PRÁCTICO

Saca tu cuaderno y descubramos algunos de tus dramas eternos y luchas favoritas. Contesta rápidamente y sin sobreanalizar estas preguntas:

- ¿Por qué te es difícil sanar?
- ¿Por qué te falta tiempo?
- ¿Por qué te falta dinero?

- ¿Por qué te cuesta trabajo _____?
- ¿Por qué no tienes un _____ que te encante?
- ¿Por qué no te amas con locura?

Sincérate, saca y desahoga tus luchas; es normal tenerlas, nos han acompañado a ti y a mí por mucho tiempo. Si quieres ser normal, sigue igual; pero si quieres una vida extraordinaria y un cambio radical, tendrás que hablar como nunca has hablado. Y soltar los "peros" para poder tomar las riendas de tu vida y expandir tu paradigma de creencias tanto como quieras.

¿Qué recompensas te estás dando?

Otra razón por la que podemos sentir que no avanzamos o que nos estamos estancando es porque nuestras recompensas o premios son absurdos. Para que entiendas a qué me refiero, hay que ahondar un poco en la psicología de las recompensas. Siempre que te dices que te mereces un premio, tu mente interpreta que lo que hiciste para merecerlo fue un sacrificio, algo que no es placentero; entonces continuamente necesitamos premios para soportar el sacrificio, o recompensas para justificar el dolor.

Tu mente subconsciente te cree todo lo que le dices; nada es broma y nada es un decir. Un ejemplo supersimple: ¿por qué las dietas no funcionan? Todo empieza desde cómo le presentamos la dieta a nuestra mente; decimos: "Como comí saludable toda la semana, ahora mi recompensa es un *cheat day*". Mientras el premio contradiga lo que hacemos, viviremos en una lucha eterna de sabotaje hacia nuestro progreso con lo que decimos que nos merecemos.

"Como he comido saludable, ahora como Cheetos de premio."

"Como llevo un mes sin fumar, ahora me merezco un cigarrito."

"Como me desperté temprano toda la semana, el fin de semana tengo derecho a pararme tarde."

"Como llevo mucho sin saber de mi Ex, se vale meterme a investigar en todas sus redes sociales."

Es hora de entender que somos autónomos para hacer lo que queramos; tenemos libre albedrío. La misma Biblia dice: "Todo te es lícito, pero no todo te conviene". En pocas palabras, haz lo que quieras, pero no te espantes con las consecuencias. Una vez más: no es cosa de semántica, es un cambio de perspectiva total que impactará tu vida radicalmente. Si quieres comer saludable, cuando lleves una semana haciéndolo, que tu premio sea otra cosa saludable. Puedes comer pizza cuando decidas comer pizza, eres una adulta, ¿no? Pero no le presentes a tu mente la pizza como la recompensa de tanto sacrificio en la semana, porque tú sola te estás metiendo el pie y tu mente refuerza la idea de que la dieta es una monserga.

Mi hermano Marco es un fregón haciendo ejercicio, ama hacerlo. Después de hacer sus rutinas toda la semana, el fin de semana su recompensa es hacer más ejercicio, sólo le varía: va a un gimnasio nuevo o se inventa una rutina más original, pero su recompensa es parte de lo mismo. Tan es así que dudo que haga esa distinción en su mente: simplemente no existe una realidad en la que el ejercicio no sea parte de su normalidad.

Yo con mi vocación o trabajo me he vuelto igual. Hoy, por ejemplo, grabé varios episodios de mi pódcast *Reinvéntate*, y mi recompensa fue escribir en la terraza. Esto es hacer crecer mi mensaje, trabajar en mi negocio, impactar más, crear más contenido, expresar más lo que creo, ejercitar más mi músculo creativo. Y créeme, seguro al rato que llegue mi esposo vamos a salir a cenar y quizá veamos una película. Pero el punto es que divertirme no es una recompensa por mi dedicación laboral; si lo fuera, significaría que grabar o escribir no es placentero por sí solo.

Si quieres cambiar tu vida vas a tener que aprender a comunicarte con tu mente efectivamente; si no, la vida se volverá una fricción constante con todo. Definitivamente, las cosas valiosas demandan esfuerzo, valentía, disciplina, dedicación y voluntad, pero está en ti convertirte en una persona que fluya en una transformación hermosa desde dentro hacia afuera.

Hace unos meses Brent, mi esposo, me contó que tuvo una plática con un amigo de su trabajo. El amigo quería que yo y su esposa nos conociéramos y quizá pudiéramos hacernos amigas porque ambas nos habíamos mudado lejos de nuestra familia y amigos. Entonces, le preguntó a Brent cuáles era mis *hobbies*…

—Le dije que no tienes *hobbies*, que te la pasas trabajando —dijo Brent; ya te imaginarás mi cara.
—Claro que tengo *hobbies*. ¡*Coaching*!
—Eso no es un *hobby*, es tu trabajo.
—Leer.
—Eso no es tu *hobby*, eso es necesario por tu carrera.
—¡Grabar pódcasts!
—Eso no es *hobby*, sigue siendo parte de tu trabajo.
—¡Tomar cursos!
—Eso tampoco es *hobby*.
—Meditar, *breathwork*, ¡*affirmation walk*!
—Todo eso es parte de tu negocio, un *hobby* tiene que ser algo que te gusta nada más porque sí.

—Pero todo eso lo disfruto muchísimo.

—Si te genera dinero no es un *hobby*.

A estas alturas de la conversación, en vez de enojarme con Brent, o sentirme atacada por aparentemente no tener "*hobbies* divertidos", me di cuenta de que en los últimos siete años he logrado construir una vida donde amo lo que hago y disfruto cada una de mis obligaciones. Todo lo que amo aprender de alguna manera se convierte en abundancia. Mi profesión de *life coach*, mi negocio *online* y mi hambre por seguir aprendiendo son una recompensa completa; me da lo mismo si es lunes, miércoles o domingo; trabajo y descanso cuando quiero porque tengo la autonomía de decidir lo mejor para mí. Dejé de poner "peros" hace mucho tiempo. Y eso no quiere decir que no tenga, la cosa es que ya no los verbalizo y así me libero continuamente de las limitaciones.

—Me gusta bailar, pasar tiempo con mi familia y amigos, jugar con mis gatos, ir a la playa, a conciertos, festivales, museos; cocinar, explorar lugares nuevos… y reírme contigo! —le dije a Brent.

—Sí, es cierto, es que es lo normal.

—Pues ¡qué bueno!, porque tengo la felicidad asegurada.

Deseo que te atrevas a ser muy valiente para dejar los dramas atrás y puedas convertir tus *hobbies* en tu negocio, y las cosas simples de la vida en tus *hobbies*; así no necesitarás recompensas.

PARTE II

...es lo mejor
que me ha
pasado

6

DESCUBRE TU UNIVERSO

En las páginas anteriores me leíste decir que somos seres espirituales teniendo una experiencia física, y si has llegado hasta este punto del libro seguramente estás de acuerdo conmigo. Generalmente aceptamos esa idea como verdadera sin reflexionar mucho; las religiones y tradiciones culturales se han encargado de inculcárnosla a muy temprana edad. Yo crecí en una familia católica en la que desde que tuve uso de razón creí en Dios. A los 14 años me volví cristiana por decisión propia; hice conciencia de que yo podía entonces tener una relación individual con mi creador; 15 años fui misionera, estudiosa de la Biblia; asistía a la congregación múltiples veces por semana para participar en varias actividades, y hasta me fui a un internado cristiano en Estados Unidos un año.

Pero, a pesar de todo esto, a mis casi 30 años me sentía muy frustrada y con miedo porque no lograba entender por qué me encontraba en la situación en la que estaba. Como te conté, llegué a sentirme profundamente sola, rota y aterrada por el futuro. No entendía cómo le podía hacer para utilizar mi espiritualidad y recibir un milagro que me cambiara la vida.

Oraciones carentes de merecimiento

En esos tiempos de desesperación mis oraciones eran muy constantes, más que nunca. Por primera vez, no importaba qué tan cansada estuviera, no me acostaba sin orar por lo menos una hora antes de dormirme. Trataba de recuperar mi conexión con Dios porque durante los cinco años que duró mi relación con mi Ex me fui alejando y desconectando de cualquier práctica espiritual; además, porque me sentía tan mal que necesitaba ayuda urgente.

En mis oraciones intensas le pedía perdón a Dios, me sinceraba, lloraba, y entre muchas cosas le rogaba: "Por favor, Dios mío, regrésame a mi Ex y dame una oportunidad para volver a intentarlo. No permitas que mi Ex conozca a nadie en este tiempo; y si de verdad no regresa porque hay alguien mejor para mí, pues entonces que ese alguien ya llegue".

Hoy que me acuerdo de eso me resulta evidente por qué mis oraciones no eran contestadas: eran oraciones carentes de merecimiento y absurdas porque reflejaban mi falta de fe, y por supuesto, sin fe las oraciones no sirven de nada.

Creer en Dios es irrelevante

Dios es Dios con y sin tu permiso. No es suficiente que creas que Dios existe; de hecho, que creas o no da igual. Nuestras creencias están ligadas a nuestra percepción del mundo, cómo fuimos educados o incluso en qué parte del país nacimos; sin embargo, el milagro de la vida es constante: todos los días amanece, los océanos rugen sin cesar y el universo entero se sincroniza con una sabiduría divina permanentemente. Puede ser que tú no creas que nada de eso refleja la magnitud de un creador y su poder superior; no obstante, disfrutas de ser creación de esa misma sabiduría cada vez que tu corazón late sin que te preocupes por ello. Te doy otro ejemplo: hoy conocemos la ley de la gravedad y creemos que existe porque la aprendimos en la escuela, pero hace miles de años la gente no tenía idea de que "la fuerza con que se atraen dos objetos es proporcional al producto de sus masas dividido por la distancia entre ellos al cuadrado". No "creían" en esa fuerza, sin embargo, pese a no ser conscientes de esa "ley", igual estaban sujetos a ella porque esa fuerza los mantenía pegados al suelo.

Yo siempre *he creído que Dios existe*, pero ahora puedo ver claramente que por mucho tiempo *no le creí a Dios*. Tenía la autoestima tan baja después de mi rompimiento amoroso que no creía que Dios tuviera planes buenos para mí, no creía que todo obraría para bien, no creía que estaría a salvo, no creía que Él me mostraría el camino. Por eso estaba tan aterrada, al borde de ataques de ansiedad todas las noches.

Por supuesto que quería creer, pero algo dentro de mí me lo hacía imposible. Hoy sé qué era: me faltaba merecimiento. El merecimiento es la conciencia que tienes de lo que mereces simplemente por ser quien eres, y va de la mano de la aceptación de uno mismo. En el merecimiento radica tu capacidad de creerle a Dios lo que dice de ti o lo que es para ti.

Cuando no nos gusta quiénes somos y permitimos que la voz del crítico interior nos destroce continuamente, no podemos creerle a Dios y nuestras oraciones se vuelven vacías, desesperadas, en tono de víctima y sin fe, como las de alguien que ruega por ayuda, pero que ya se siente derrotado.

La creencia de que merecemos amor, abundancia y felicidad no se puede pretender ni fingir; tenemos que sabernos realmente suficientes para poder conectar con la certeza de serlo. Esto va de la mano de lo que te expliqué sobre la positividad superficial y desechable: podemos decir todos los días que nos merecemos todo lo que deseamos, y no conseguirlo, porque para eso necesitamos alinear nuestras emociones y acciones.

El merecimiento se transforma en felicidad, propósito y abundancia cuando actuamos de manera coherente, sincronizando nuestros **pensamientos, emociones, palabras y acciones**. Es así cuando el resultado es milagroso.

Con esta información podemos volver a analizar mi oración carente: "Por favor, Dios mío, regrésame a mi Ex y dame una oportunidad para volver a intentarlo. No permitas que mi Ex conozca a nadie en este tiempo; y si de verdad no regresa porque hay alguien mejor para mí, pues entonces que ese alguien ya llegue".

- **Merecimiento:** cero, asumía que merecía las migajas de mi Ex.
- **Pensamientos:** "No va a haber nadie más para mí, es muy poco probable, si alguien más se le cruza va a pasar lo que pasó con la vecina".
- **Emociones:** desesperanza, soledad, miedo.
- **Palabras:** oraciones carentes de merecimiento, incrédulas, urgidas.
- **Acciones:** erráticas o nulas.

¿Cuántas veces hacemos conciencia de toda la duda, el miedo y la desesperación que hay detrás de nuestras oraciones no contestadas? Es momento de tomar el volante de nuestra vida y recordar que Dios nos dio libre albedrío, es decir, la autonomía de decidir qué queremos para nosotros. Tú decides qué creer y qué no, tú decides si sanas o no; en pocas palabras: tú tienes el poder de ir creando tu vida con las decisiones que tomas o que dejas de tomar.

En la Biblia hay un versículo que dice esto clarísimo (para las personas que le echan la culpa a Dios de sus carencias y no leen la Biblia porque piensan que es demasiado complicada):

> **Todo me es lícito, mas no todo me conviene;
> todo me es lícito, mas no todo edifica.**
>
> **Corintios 10:23**

Yo acepto que quería regresar con mi Ex a pesar de que no funcionábamos, y, como te conté, lo logré a pesar de saber que no me convenía. Después de meses horribles volvimos a cortar y yo otra vez quería regresar… ¿Por qué? Por falta de merecimiento crónica.

La mayoría de las preguntas existenciales que me mandan quienes escuchan los episodios de *Reinvéntate* se resuelven entendiendo esto:

> **Obtenemos sólo lo que nuestro
> subconsciente cree que merecemos
> y nada más.**

Hace un par de días me llegó un mensaje de una persona que me preguntaba: "¿Por qué, si Dios es bueno, nos abandona?" Mencionaba que su familia siempre había sido creyente de Dios, pero siempre había vivido en escasez. Me dijo que puntualmente una persona buena que conocía, que había dedicado su vida al servicio de los demás, estaba profundamente deprimida. Y cerraba cuestionando: "¿Cómo es posible que Dios nos haga eso?"

Yo le pregunté que quién le había dicho que para ser feliz, abundante y pleno había que creer en Dios, ser "buenos" y dedicarnos al "servicio". Como analizamos, creer en Dios no es lo mismo que creerle a Dios. Podemos creer en Él con la autoestima en el piso, apabullados por nuestros complejos y creencias limitantes, vibrar en la frecuencia de miedo y perpetuar nuestra carencia hasta que se nos acaben los días en la tierra, porque el merecimiento va de la mano del arte de recibir.

Mucha gente, cuando se da cuenta de que la receta para ser feliz y bendecido no es "ser bueno", piensa que esto no "es justo". Y la realidad es que lo "justo" o "bueno" de todos modos difiere según los distintos puntos de vista. Yo puedo creer que soy "muy buena" y alguien más puede pensar que soy "muy cruel" o "muy mala" porque hice algo que el otro no entiende o no considera "justo".

Hace unos años mi hermana Bárbara y yo nos mudamos juntas. Tuvimos muchos problemas con la dueña del departamento porque era muy desconfiada y nos hizo dar mil vueltas para la firma del contrato de renta. Bar, desesperada y hasta ofendida, me dijo: "¿Qué no se da cuenta de que somos niñas bien?, ¡somos buenas personas!" Fue tan chistoso ese momento que a la fecha nos seguimos riendo de eso, de cómo nos sentimos víctimas de la señora. Pero la realidad es que era irrelevante si éramos "buenas" o "malas": la señora traía sus propias desconfianzas y tenía el derecho de actuar como ella decidiera.

Es importante tomar en cuenta que al tener una experiencia física interactuamos con las leyes naturales que rigen este universo. Sí, eres un ser espiritual, pero mientras estés anclada a un cuerpo de carne y hueso, habitando el planeta Tierra, estarás sujeta —quieras o no— a estas leyes. Como revisamos al inicio de este capítulo, seas buena o mala, ayudes a otros o no, creas en Dios o no, si tú eres un ser humano en este planeta, vives pegada al suelo como da cuenta la ley de la gravedad.

¿Por qué es importante que aprendas cómo funciona este mundo?

Podemos pasarnos la vida peleando con estas ideas o tomar responsabilidad, madurar y aprender cómo funciona la experiencia humana. Hasta ahora nadie nos ha enseñado esto, pero cada vez hay más y más contenido que hace accesible esta información, como este libro. Así que quiero hacer una pausa aquí y decirte que tu vida entera está por cambiar, ya que con esta información y esta nueva perspectiva del mundo en el que habitas, entenderás el porqué de muchas de tus frustraciones del pasado.

No te preocupes, poco a poco todo irá teniendo sentido. "No saber" no será más la razón por la que no vives la vida que quieres.

66
> **Mi pueblo fue destruido porque le faltó conocimiento.**
>
> **Oseas 4:6**
99

Tenemos toda la capacidad y el poder para relacionarnos con el plano material y cocrear nuestra realidad junto con Dios. Es posible activar intencionalmente nuestros pensamientos si callamos la voz del crítico interno y cambiamos las creencias que no nos sirvan para ampliar nuestro paradigma. Así podemos navegar nuestras emociones (acuérdate, sólo sintiendo lo que ya está presente te mueves hacia emociones más placenteras), planear nuestras acciones y generar resultados: manifestaciones y una realidad llena de milagros y oraciones contestadas.

A partir de ahora tienes la opción de decidir si dejas de aventar la "papa caliente" de tus fracasos y problemas al cielo, y comienzas a conocer la "creación" de este hermoso universo y disfrutar el regalo que llamamos "vida".

Eres potencialidad pura

Te acabo de dar la mejor noticia de tu vida. En caso de que lo hayas leído rápido y sin prestar atención, lo escribo de nuevo: **"Eres potencialidad pura"**. Esto significa que todo es potencialmente posible para ti, absolutamente todo lo que puedas imaginar.

¿Alguna vez has escuchado frases como "él tiene mucho potencial"? Bueno, pues esa frase técnicamente es una obviedad porque, de acuerdo con la ley universal de la potencialidad pura, si algo tenemos todos es "potencial"; todo lo que pasa en la vida, antes de haber pasado, fue sólo una de las posibilidades potenciales.

Sé que suena a trabalenguas, pero analízalo: todos tenemos el potencial de ser exitosos o fracasar; todos tenemos el potencial de ser felices o no serlo; una relación amorosa tiene el potencial de durar para siempre o no; alguien tiene el potencial de quedarse solo para siempre o encontrar al amor de su vida. Por ley, no hay predestinación respecto a cómo van a ser los resultados, porque todos son posibles.

Ahora, tienes que saber que existen muchísimas leyes naturales universales que rigen este planeta, todas en interacción con la energía en constante movimiento (nuestra realidad actual es creada y recreada con base en leyes de física cuántica). En tu vida diaria, estas leyes participan activamente en la creación de tu realidad, aunque tú no las conozcas.

Para aquellos que me preguntan si estas leyes universales están en la Biblia, les puedo decir que, como tales, no. Pero debemos entender que aunque la Biblia sea un libro de inspiración divina, es un libro histórico también. Cuando surgió, todavía no había desarrollo científico para ponerles nombre a estos fenómenos. La ley de la gravedad fue entendida y nombrada por Isaac Newton en 1687, pero la fuerza de gravedad no fue propiamente "inventada". Los fenómenos que describe sólo fueron identificados y entendidos, ya que se podían ver sus efectos desde los principios de la humanidad y el pensamiento. El punto es que seguimos estudiando y entendiendo cómo funciona este universo todos los días. Lo fabuloso de la Biblia es que tiene muchos versos que implícitamente invitan, si seguimos su consejo, a fluir con estas leyes.

Es momento de dejar de ver la espiritualidad como algo ajeno a la ciencia y a la energía. La creación del universo, todo lo que en él se mueve y su funcionamiento impactan directamente tu vida más de lo que te imaginas.

Es importante que sepas que leyes universales existen muchas. Puntualmente yo abordaré algunas que intervienen diario en tu proceso de sanar y reinventarte; al conocerlas podrás fluir con ellas y ver resultados muy pronto.

Ley de la vibración

Todo vibra o se mueve, nada permanece inactivo. En su forma más sencilla, una vibración se puede considerar como un movimiento repetitivo alrededor de una posición de equilibrio. Es obvio que nada de lo que ves puede estar quieto si habitamos un planeta que gira sobre su propio eje y al mismo tiempo alrededor del Sol. Además todas las partículas que componen cualquier cosa están en constante vibración, desde tu propio cuerpo hasta el metal más sólido que te imagines; solamente varían los diferentes niveles de cercanía entre los átomos y la velocidad a la que se mueven.

Tú y yo siempre estamos vibrando a una frecuencia, y para saber cuál es basta con que le demos nombre a la emoción que sentimos en el momento presente. Recuerda que las emociones no son buenas ni malas, sólo "son". Por supuesto, unas se sienten desfavorables y otras placenteras, pero al final sólo es un ritmo vibracional y ése se puede modificar. ¡Tú tienes todo el control y autonomía para cambiar la frecuencia en la que estás vibrando! Y si no lo has experimentado es porque sigues teniendo miedo a sentir tus emociones. Recuerda también que cuando no quieres sentir algo lo perpetúas quedándote en eso que no quieres sentir, y si te anestesias para no sentir, terminas en el limbo de la neutralidad; cuando te expliqué eso no mencioné que esto sucede por la ley de la polaridad (los dos lados de una moneda, si no quieres uno de los polos te quedas sin nada).

¿Has escuchado que Dios es amor? ¿Te resuena como verdad que tú y yo hayamos venido a este mundo a amar y ser amados? Bueno, pues la vibración del amor es la frecuencia más alta de la energía. Cuando logramos vibrar en la frecuencia del amor podemos expresar las cualidades divinas de gozo, paz, generosidad, compasión, tolerancia y gratitud, las cuales nos llenan de poder y nos permiten vivir una vida de abundancia.

Entiendo perfecto que ahorita no estés vibrando alto todo el tiempo, pero seguramente con los ejercicios que estás haciendo ya has comenzado a moverte por la escala de emociones, y eso es fabuloso. Te estás dando cuenta de cómo se siente vibrar diferente conforme procesas esta información y se empieza a abrir la puerta para la ley de la potencialidad pura.

Ley de la potencialidad pura

Se refiere a que habitamos en el campo de todas las posibilidades y de la creatividad infinita. La conciencia pura es la esencia espiritual. Sin embargo, muchos de nuestros miedos contradicen esta potencialidad. Pensar que "me voy a quedar sola", "no hay nadie que me acepte", "seguro voy a fracasar", "encontrar el amor a mi edad es imposible" es absurdo según esta ley. Todas esas creencias son igual de disparatadas que si dijéramos "si me descuido, saldré volando hacia el espacio sideral" o "me voy a perder entre las nubes y nadie me va a poder rescatar": dentro de la atmósfera terrestre todo esto es imposible según la ley de la gravedad.

Algunos me preguntan: "Si mi destino ya está marcado, ¿puedo modificarlo con mi vibración?" Tu destino no está marcado. Tú tienes autonomía y libre albedrío para tomar tus decisiones y así crear la vida que quieres. Para decidir qué quieres sólo tienes que atreverte a soñar en grande, y para ir tras esos sueños vas a tener que vibrar en concordancia con ellos. Recuerda que somos energía, todas las células de tu cuerpo vibran, y para saber en qué frecuencia estamos sólo debemos prestar atención a la emoción que está presente.

Quizá en este momento no sabes qué potencial quieres activar. Date permiso de que, conforme procesas toda esta información y vas sanando, se vayan activando las potencialidades, y ya podrás ir decidiendo un paso a la vez.

Dios puso sueños en tu corazón y te llenó de talentos, pero puedes decidir no seguir esos sueños y nunca usar esos talentos.

Cuando yo descubrí estas leyes se me abrió el mundo. Se me aceleraba el corazón al entender cosas que me sonaban tan ciertas. Empecé a atreverme a visualizar el potencial opuesto. De pensar: "Me voy a quedar sola toda la vida y muero de miedo de tener que enfrentar un futuro complicado", comencé a pensar: "Puedo encontrar a alguien que me quiera y entienda, alguien a quien yo llegue a amar más de lo que he amado hasta ahora". Esa simple eventualidad me hacía vibrar de emoción ante el futuro y me sacaba del miedo. Jamás me imaginé que se estuviera activando el potencial de enamorarme de un hombre guapísimo, con un sentido del humor brutal, que sería el mejor esposo del mundo y con quien compartiría sueños e ideales desconocidos.

Ley de la atracción

La ley de la atracción establece que todo atrae su igual. En términos vibracionales, imagina que frecuencias similares se atraen como si fueran imanes. Nosotros atraemos hacia nuestra vida aquello en lo que enfocamos nuestro pensamiento de manera constante. Es así como nuestro mundo exterior es un reflejo de nuestro mundo interior, ya que nosotros mismos nos hemos encargado de crear nuestras circunstancias: condiciones de salud, nivel de éxito, relaciones amorosas, sentido de propósito… todo en virtud de los pensamientos que sostenemos y que bajan al cuerpo en forma de emoción o vibración.

La buena noticia es que si en este momento no estás viviendo la realidad que quieres, tienes todo lo necesario para cambiarla. Puedes crear una nueva al cambiar tu perspectiva. Fíjate:

- **Situación actual:** ésta es la que quieres cambiar.
- **Perspectiva:** lo que piensas al respecto; ésta es la que vas a cambiar intencionalmente por medio de tus pensamientos.
- **Vibración:** ésta cambiará como resultado de tus pensamientos y perspectiva nuevos; te vas a sentir diferente.
- **Acciones:** si te sientes mejor, podrás tomar mejores acciones.
- **Resultados:** una nueva situación.

Recuerdo perfectamente que aprendí esto en un momento en el que en mi vida todo estaba mal. Por donde le buscaras estaba complicado: mi negocio estaba en ceros, yo pensaba que me había equivocado de profesión, estaba sola y quería regresar con mi Ex, mi autoestima andaba por los suelos, no tenía ahorros y me encontraba sumamente triste gracias a que mi crítico interior se había desbocado.

Mi primera reacción al entender que yo había creado mi realidad fue pensar que era absurdo que yo hubiera querido crear esto a propósito. Pero después me cayó el veinte de que lo hice sin saber, había sido el resultado de meses de apegos, toxicidad, escasez y codependencia. Realmente tenía sentido lo que estaba pasándome. (Aunque no te des cuenta, ¡las leyes siempre están en acción!)

A pesar de que tenía muchos "problemas" que arreglar para seguir adelante con mi vida, lo mejor fue que dejé de sentirme impotente o víctima. Si yo había creado mi realidad sin darme cuenta, al haber estado tan ensimismada en lo negativo, ¡ahora podía crear lo opuesto, pero intencionalmente!

Sabía que me tomaría tiempo y esfuerzo, pero me ayudó mucho saber que, por ley, tendría los resultados deseados. Así que comencé a enfocarme en ser un mejor imán cada día.

	Antes	Después
Situación actual	Mi negocio estaba en ceros.	Mi negocio estaba en ceros.
Perspectiva	Me equivoqué de carrera y ahora es demasiado tarde para volver a estudiar.	No me equivoqué, sé que hay mucha gente que vive de sus negocios de diseño y sé que yo soy muy creativa.

	Antes	Después
Vibración	Impotente, culpable, triste…	Motivada, esperanzada, segura…
Acciones	Procrastinar, crear por crear, bajar mis precios, presentar mis propuestas con miedo a ser rechazada.	Buscar nuevos clientes, contactar a clientes del pasado, mandar cotizaciones, idear alguna buena promoción, ir a citas, cobrar lo justo, presentar mis propuestas con confianza.
Resultados	Clientes insatisfechos, falta de pagos, más experiencias tristes y frustrantes que reforzaban mis creencias limitantes.	Nuevos proyectos: mi negocio deja de estar en ceros.

Si te fijas, la situación inicial es la misma, pero los resultados empezaron a ser diferentes gracias a que me sentí diferente. Mucha gente quiere echarle "ganas", pero lo intenta con la misma perspectiva y sintiéndose fatal. Por eso, por más que lo intenta, tiene los mismos resultados y se siente cada vez más desanimada.

Si queremos atraer clientes, amor, conexión, oportunidades, etcétera, tenemos que vibrar en sintonía con eso.

¿Te acuerdas de que te conté que logré regresar con mi Ex? Pues sí, quería intentarlo de nuevo, tenía mil ganas de demostrar que las cosas podían ser diferentes, quería salvar lo que algún día había sido maravilloso, pero no tenía idea de que mi baja vibración estuviera marcando mi punto de atracción. Regresé a esa relación sintiéndome tan mal, tan llena de miedo que, aunque aparentaba que todo estaba bien, atraje lo mismo: rechazo e indiferencia. Recuerda que esto no se puede fingir: tu punto de atracción está en lo más profundo de tu corazón.

Mi mundo interior estaba lleno de inseguridades, heridas sin sanar, humillaciones sin procesar, y desde ese lugar era imposible cambiar mi mundo exterior.

Ley de las expectativas o de la asunción

La ley de las expectativas establece que todo lo que esperes con una determinada certeza se convertirá en tu propia profecía de autocumplimiento. Esto tiene todo que ver con la fe:

> **La fe es la certeza de lo que se espera, la convicción de lo que no se ve.**
> **Hebreos 11:1**

La gente fracasada, solitaria y amargada se caracteriza por sus expectativas negativas, fatalistas y pesimistas ante todo. Por el contrario, la gente que asume lo mejor y le ve el aspecto positivo a la vida termina encontrando posibilidades siempre. La ley de la asunción refleja si le crees o no a Dios, de ahí la capacidad de esperar que aun lo peor pueda obrar para bien.

Hay un dicho común que dice: "Preocuparte es como pedirle a Dios lo que no quieres". Y es que al preocuparte estás asumiendo que van a ocurrir todos los escenarios indeseables y les estás dando toda tu fuerza. Pasamos mucho tiempo pensando en "qué es lo peor que podría pasar", cuando podríamos poner la misma energía en pensar "qué es lo mejor que podría pasar". Así, por ley, aseguraríamos la manifestación de lo que sí queremos.

Cuando me decidí certificarme como *life coach*, tenía dudas y me imaginaba diferentes escenarios en mi mente: "podría ser increíble lograrlo y dedicarme a dar sesiones", "podría ser que esto no funcione y sólo pierda tiempo", "podría ser que esté muy difícil y pierda una inversión fuerte de dinero", "qué tal que después de todo no consigo clientes y siento rechazo", "podría ser que me encante y tenga mucho éxito", "qué tal que no es lo mío y me doy cuenta ya que estoy metidísima; será difícil echarme para atrás", "podría ser que ésta es mi verdadera vocación y finalmente la encontré"... Como puedes ver, estaba en una montaña rusa de positividad y negatividad; a veces muy decidida y luego llena de dudas. Esto es completamente normal en el proceso de liberarnos de esos miedos y creencias limitantes. Así que lo que hice primero fue escuchar mi intuición: me inscribí a la certificación, pero aun después de hacerlo no se disiparon las dudas sino hasta que decidí esperar lo mejor y asumir mi éxito rotundo.

Fue entonces que dije: "Si sigo así no voy a disfrutar el proceso. Ando muy volátil con posibilidades de chile, mole y pozole. Sé lo que quiero y eso es lo que voy a asumir". Entonces decidí creer que *mi éxito era inevitable*. Las dudas por fin se disiparon y me concentré en disfrutar mi preparación y enfocarme en cada paso. Al tener las expectativas correctas, y asumir lo mejor, dejé de dudar, y hoy ya ha pasado lo que quería que pasara.

(Por la ley de la potencialidad pura sabía que todos los escenarios eran posibles; por la ley de las expectativas pasó lo que decidí asumir; por la ley de la vibración me alineé con la vibración del éxito; y por la ley de la atracción atraje a mis primeros clientes.)

Imagínate: de tener miedo a certificarme, siete años después lancé mi propia certificación, Sherpa. No sólo lo logré, sino que mi sueño creció muchísimo, las potencialidades se multiplicaron. Ahora a todos mis alumnos les regalo una taza muy linda con la leyenda "Mi éxito es inevitable", porque sé que si recuerdan eso y lo creen, por ley se hará realidad.

En la Biblia hay un versículo que explica esta ley clarísimo:

> **Por eso les digo que todo lo que pidan en oración, crean que ya lo han conseguido, y lo recibirán.**
>
> **Marcos 11:24**

La fe más potente es la que cree de tal manera que lo puede esperar y asumir sin problema. Es así como la respuesta llega. Estas oraciones no son carentes de merecimiento; son oraciones cargadas de acción inmediata, que activan la ley universal de las expectativas.

Tiempo después de que cometí varios errores tropecé con unos cuantos "clavos". Fui perseverante y sané mi corazón; mi vida ya había empezado a cambiar drásticamente, y decidí ahora sí enfocarme en manifestar a una pareja alineada conmigo. Pedí a un hombre con ciertas características, asumiendo que tendría todo lo que yo buscaba. Con la expectativa de su llegada pronta, empecé a actuar como si ya hubiera llegado. Para demostrar la fe y la certeza que había en mí, vacié la mitad de mi clóset, saqué un duplicado de llaves de mi departamento y empecé a ponerme perfume diario (antes sólo usaba cuando salía por alguna razón especial). Todo esto lo hacía pensando que si él ya estuviera conmigo, seguro necesitaría espacio para sus cosas, así como sus propias llaves y, evidentemente, yo tendría una razón para oler rico diario. Al poco tiempo Brent estaba llegando a mi casa con un maletón de ropa, y al verlo ocupar ese espacio del clóset, sus propias llaves del departamento, y decirme que le gustaba mi perfume, confirmé que las oraciones que fluyen con las leyes universales son contestadas muy rápido.

Ley de la correspondencia

Esta ley de correspondencia es una de las más bondado-sas. Establece que lo de afuera es una proyección de lo de dentro. Tu mundo exterior es un fiel reflejo de tu mundo interior. (Esto mismo lo mencioné en la descripción de la ley de la atracción, ya que las leyes se superponen unas a otras.) Y digo que esta ley es bondadosa porque declara que pue-des saber lo que está pasando dentro de ti con sólo fijarte en lo que sucede a tu alrededor, y entonces nos hace más fácil la vida al mostrarnos lo que necesitamos cambiar dentro para que después nuestra realidad externa se transforme.

Te conté que una de las creencias limitantes que yo tenía era que "nadie me escogía". Esta ley me ayudó a encontrar-la: simplemente me atreví a ver —sin juicio— mi realidad externa. Encontré que mis clientes potenciales no se anima-ban a darme anticipos; románticamente seguía en un enredo porque, a pesar de que ya estaba saliendo con nuevas perso-nas, nada fluía; y me postulé para varios concursos de pro-yectos de diseño a nivel nacional del gobierno de México, y nada se daba. Por un lado, la creencia limitante me hacía te-ner las peores expectativas y asumir que lo mismo de siempre ocurriría, y pasaba. Pero cuando empecé a revisar la ley de la correspondencia me di cuenta de que si eso estaba pasan-do en mi realidad seguramente era reflejo de que yo misma no me escogía. Así es, esa creencia limitante yo la aplicaba a los demás, pero no me había dado cuenta de que yo mis-ma prefería a todos menos a mí: miraba a otros despachos de diseño y pensaba que sus conceptos y creatividad eran mejores; veía a otras mujeres y pensaba que se veían más atractivas que yo; revisaba mis esfuerzos y algo en mí no los veía valiosos o sobresalientes por más ganas que le echaba; así que decidí empezar a escogerme yo primero. Por correspondencia todo empezó a cambiar.

Apenas hace unos días mi esposo Brent me dijo: "Yo siempre te escogeré a ti, cada vez, cada día", y fue hermoso darme cuenta de lo drástico que mi realidad ha cambiado. Lo que dijo Brent es reflejo y consecuencia de que yo empecé a decirme —y creer— algo muy similar.

Ley de la unidad

La ley de la unidad nos dice que no existe separación entre personas, animales, objetos, planetas o galaxias. Todos formamos parte de una misma y única unidad o familia. Científicamente es fácil deducir esta ley, puesto que, en el momento previo al Big Bang, la totalidad de la materia y energía del universo estaba concentrada en un solo punto; un todo del que salió y sigue saliendo todo.

A partir de la creación, de ese Big Bang, todo se disgregó a través de los confines del universo; pero en el fondo, tal como sugieren diferentes experimentos dentro del campo de la física cuántica, todo sigue unido e interrelacionado a pesar de esa aparente separación. Todo sigue gobernado por una única energía o inteligencia creadora, regido por estas leyes como hilos que entretejen armoniosamente la realidad a la que tenemos acceso desde nuestra experiencia humana.

Ahora en nuestro día a día como individuos, creando nuestra experiencia individual, esta ley sigue mostrándonos que entre personas tampoco existe separación alguna: tú, yo, tu Ex, el mío, la vecina y la prima metiche formamos parte de una misma unidad, la humanidad. Y la humanidad no es más que un conjunto de seres espirituales encarnados en distintos cuerpos que buscan crecer, adaptarse, evolucionar y, por supuesto, amar y ser amados.

Al principio me costó trabajo entender esta ley. No sabía cómo aplicarla a mi vida nueva. ¿Cómo me ayudaría a seguir diseñando activamente mi vida y cocreando con Dios mis milagros? Pensaba: "Pues sí, somos uno, salimos del mismo bonche de material y energía, pero a mí lo que me interesa es mi realidad…" Seguí estudiando y finalmente entendí que si todos somos uno y veo que alguien tiene algo que yo quiero, significa que virtualmente yo también lo tengo.

La forma en la que funciona esta ley es presentándonos a través de los demás lo que es posible para nosotros, ¡ya que nada nos separa! Todo lo que es posible para alguien que admiras es posible para ti, pero debe ser algo que quieras de verdad.

Cuando contemplé esto por primera vez, una de mis objeciones fue: "¡Admiro a los futbolistas profesionales! Creo que son supertalentosos y que tienen acceso a mucho éxito y abundancia. Pero no creo que eso sea posible para mí, es absurdo pensar que yo podría ser futbolista profesional". La realidad es que no, si yo en realidad tuviera ese sueño no sería absurdo. Pero no lo tengo, no me gusta el futbol de esa forma ni siento mariposas en la panza al imaginarme en un estadio de futbol en un mundial.

Al contrario, cuando pienso en Brené Brown, una escritora famosa y reconocida que admiro mucho, y veo que tiene un especial en Netflix superinspirador, sí me conmueve. Ahí sí, por la ley de la unidad, pienso: "Qué increíble es saber que si es posible para ella es posible para mí también… Ella es famosa, tiene muchos libros, es muy diferente a mí, pero estamos hechas de lo mismo, y si ella puede yo también; así que en mi admiración por sus éxitos me uno a la celebración de su mensaje". Y entonces puedo conectar con la frecuencia vibratoria de ella para manifestar algo similar para mí.

La única diferencia por la que en el primer ejemplo (el del futbolista) no funciona y en el segundo sí es porque se trata de algo que quiero y mi intención es verdadera. Somos parte de un todo y las posibilidades para todos son infinitas, pero tenemos diferentes anhelos en nuestro corazón; con algunos compartimos sueños y con otros no.

Entonces, si esto es verdad, ¿por qué no tenemos todo lo que queremos? Porque en vez de ver lo que otros tienen o han logrado con asombro, emoción y celebración, lo vemos con envidia, celos y coraje. Por la ley de la unidad, **es tu reacción la que refleja si lo quieres o no** —no lo que digas de dientes para afuera—, si le das la bienvenida a la vibración de tenerlo o no, si conectas con las emociones que siente quien lo tiene o no.

Si todos somos uno, no tiene ningún sentido que al ver que alguien más tiene lo que tú también quieres te sientas "mal" (emociones densas, tristeza, coraje, odio, envidia). Cuando sucede esto repeles aquello que quieres porque vibras en la frecuencia opuesta. Por el contrario, cuando ves algo que quieres en la vida de alguien más y logras sentirte feliz, lo haces posible para ti también, te unes a la vibración de ya tenerlo y, por la ley de la atracción, se acerca a ti más rápidamente.

¿Cuántas veces has sentido envidia porque todos a tu alrededor parecen ya tener eso que tanto quieres? Podrás pedirle a Dios que llegue ya el amor de tu vida, esa pareja que tanto anhelas, pero si cuando estás entre parejas te sientes triste, incómoda o envidiosa, estás alejándote de la posibilidad de tenerlo, porque vibracionalmente parece que lo que quieres es lo opuesto.

Cuando ya había avanzado en mi proceso de sanación y me sentía bien siendo soltera, hubo una temporada en que disfruté mucho de mi independencia. Karen (testigo de todas mis etapas) y yo salíamos muy seguido; sólo ella y yo, a pesar de que ella tenía novio. Íbamos a galerías, fiestas, eventos culturales... mil cosas. Finalmente, en uno de sus cumpleaños, su novio Barney me dijo que esa noche le daría el anillo de compromiso. Fue un notición, me enseñó el anillo y toda la cosa; recuerdo que hasta se me salieron las lágrimas de la emoción. Pero después tuve miedo: miedo de que las cosas cambiaran, miedo de que Karen ya no tuviera tiempo para mí, miedo de que yo no consiguiera nada parecido.

En ese momento no tenía la precisión para saber por qué me dio un bajón si genuinamente estaba contenta por ellos. Era una mezcla densa de soledad, temor al abandono y a los cambios que vendrían.

Sin embargo, también en esa etapa estaba ya muy iniciada con toda esta información (que ahora tú también conoces). Así que, tras sentir el bajón, revisé mis pensamientos y cambié mi perspectiva. ¡Mi mejor amiga se casaría pronto y yo sería dama de honor! Sería lo máximo esa boda, un evento único. Me conecté bien fuerte con esa emoción de posibilidades increíbles para ella, para mí, para todos.

En la ceremonia tuve el honor de leer unas palabras que escribí con el corazón; diseñé las invitaciones de la boda y una página web; mi vestido me quedó perfecto. Y ahí, sentada en primera fila, a mi lado estaba Brent, que, durante el año en el que estuvieron comprometidos Karen y Barney, llegó a mi vida para quedarse. En esa boda yo caché el ramo y Brent caché la liga.

¿Qué sientes cuando alguien tiene lo que tú tanto quieres? Revisa tus emociones y date cuenta de si estás vibrando para atraerlo o para repelerlo.

> **Examínalo todo; retén lo bueno.**
>
> **1 Tesalonicenses 5:21**

La diferencia entre fluir y forzar

Otra cosa que tienes que considerar ahora que sabes que existen las leyes universales es que debes fluir con ellas y no querer controlar lo incontrolable. Recuerda: tú puedes controlar sólo lo que pasa de tu piel hacia dentro.

Muchísimas veces me escriben personas que abandonan el proceso de sanar sus heridas y quieren manifestar amor, salud, abundancia o éxito demandando que sus esfuerzos superficiales materialicen sus deseos; como nada pasa, se frustran y piensan que no funciona.

Lo diré una vez más: nada de esto se puede fingir ni forzar, todo funciona según la energía que emanamos. Si no sanas, simplemente no hay forma de que vibres en la frecuencia de tu esencia merecedora de todos tus sueños. Sanar es el proceso que nos lleva a ser auténticos, valientes, resilientes y naturalmente magnéticos.

En esencia, tal como eres, eres perfecta

Cuando le puse nombre a mi pódcast *Reinvéntate*, mi intención fue invitar a la audiencia justo a que hiciera eso: reinventarse en quien siempre estuvieron destinados a ser, en su verdadera esencia. No se trata se ser alguien que nunca has sido; más bien es momento de quitarnos todos los protectores, mecanismos de defensa y máscaras para descubrir que somos más que suficientes.

Es un viaje para valientes, pero estás sostenida por un universo amoroso y reactivo ante la frecuencia vibratoria que emites a través de tu estado emocional (del que tienes completo control). Ahora mismo estás despertando tu conciencia y recuperando tu poder interno, necesario para generar tus propios milagros.

¿Ahora sí crees que Dios te creó a su imagen y semejanza y para que tuvieras una vida en abundancia?

7

PIEDRAS DE TROPIEZO

Conforme vayas haciendo los ejercicios irás notando que tu estado emocional empieza a cambiar; tu vibración se mueve de frecuencia y tu entorno comienza a reaccionar; esto es una excelente noticia, ésa era la meta. ¿Recuerdas? Empezaste a leer este libro con las ganas de sanar tu corazón y sentirte mejor ante la realidad dolorosa de tus fracasos amorosos. Pero yo te dije que no sólo íbamos a hacer eso; la meta también es que uses este dolor como catapulta que te lleve a vivir la vida que quieres, con todo lo que tu corazón merece, y nunca más te conformes con menos.

Nuestro entorno reacciona

Cuando cambiamos desde lo más profundo de nuestro corazón, cuando soltamos, cortamos, liberamos y empezamos a abrirnos al perdón para mirar el futuro con ojos curiosos después de un rompimiento o fracaso amoroso, el entorno responde con ajustes, y en nuestra realidad, susceptible a nuestra nueva vibración, comienza a manifestarse lo que queremos. En nuestra nueva realidad debemos mantenernos subiendo en la escala de emociones o por lo menos sostenernos en la nueva vibración (menos densa que antes) el suficiente tiempo para empezar a verlo de manera tangible.

Esos ajustes pueden ser muy confusos porque no estamos acostumbrados a que de verdad sea tan evidente que nuestros pensamientos y emociones generen posibilidades sincronizadas que nos acerquen a nuestros sueños. En esta transición de realidades podemos sentirnos vulnerables, emocionales y llenos de dudas, y los estímulos del exterior pueden convertirse en piedras de tropiezo. Revisemos las más comunes para que no te tomen por sorpresa y sepas que esto también es "normal".

Lo que dicen los demás

Cuando cambiamos, la gente que nos rodea opina, aconseja y mete su cuchara generalmente sin que le preguntemos. En cierta medida, es normal porque quiere decir que se preocupan por nosotros y están notando ese cambio. Algunas veces tu familia y amigos se ponen felices por ti, celebran que te sientas mejor, que te estés activando y que tengas una actitud más positiva. Pero en otras ocasiones la reacción de los demás puede ser de resistencia, y puede causarte dolor, miedo o enojo. Sin embargo, ahora que entiendes de emociones y frecuencias de vibración, sabes que aquéllas son densas y que si te clavas puedes detener la transformación de tu realidad y todo lo nuevo que estás atrayendo a tu vida.

Te daré unos ejemplos:

Tu familia y gente cercana se incomoda porque estás actuando diferente

El proceso de sanar me tomó bastante tiempo, entre que corté, regresé y volví a cortar pasé muchos meses superbajoneada. No quería hacer nada, no tenía ganas de salir ni de arreglarme; mis amigos más queridos me iban a visitar a mi casa y nos quedábamos horas platicando en mi recámara o a lo mucho en la sala; mi máximo esfuerzo era salir por un café. Esto se alargó lo suficiente como para que mi mamá se acostumbrara; quizá no lo notó conscientemente, pero en ese tiempo casi no salí. Cuando empecé a sentirme mejor y mi estado anímico era otro, me entró como un segundo aire. Se acercaba mi cumpleaños 30, conocí a alguien, comenzamos a ser novios como a las dos semanas (esa relación no funcionó; después te platico por qué) y yo estaba radiante; quería recuperar el tiempo perdido, divertirme, salir, bailar, etcétera. Así que empecé a tener pleitos durísimos en mi casa: mi mamá quería que yo "le bajara a mi ritmo", y yo simplemente no estaba dispuesta a desaprovechar que me sentía tan bien. Obviamente, estar cerca de cumplir 30 me hacía revelarme mucho ante las reglas de la casa. En defensa de mi mamá, ella estaba en su derecho de mantener las reglas de su casa como ella quisiera. Además, yo no le había explicado realmente cómo me estaba sintiendo; no porque no quisiera, sino porque aún no tenía la claridad que hoy tengo. Sólo pensaba: "Me sentía horrible y ahora me estoy sintiendo tan bien que nada me va a detener".

En tu caso, puede que tus nuevos planes incomoden a los demás, puede que se preocupen o que malinterpreten tus acciones como rebeldía o "valemadrismo". El consejo que te puedo dar es que no te lo tomes personal y que trates de convivir sanamente. Los demás tampoco son adivinos y no están al tanto de los cambios internos que estás experimentando.

Mi mamá terminó corriéndome de la casa justo un día después de mi cumpleaños. Ese día yo estaba sumamente enojada, sentía que era una injusticia. Pensaba que era absurdo que prefiriera que me quedara deprimida ahora que tenía ganas de vivir mi vida. Por supuesto, mi mamá recuerda sus razones de una forma completamente diferente, y es que cada quien ve todo desde su perspectiva, nadie tiene la razón; lo que importa es cómo reaccionamos después.

Fíjate en las sincronizaciones: yo tenía el sueño de independizarme y tener un departamento, pero siempre creí que sería imposible solventar esos gastos sola, así que me echaba para atrás. Cuando me corrieron de mi casa yo no tenía idea de a dónde ir, sobre todo porque tengo dos gatas. En ese momento, a las 12 de la noche, Roberto —uno de mis fieles amigos desde que íbamos al kínder— puso una foto en WhatsApp en la que mostraba que le acababan de entregar las llaves de su nuevo departamento. A las 6 de la mañana yo ya tenía esas llaves y estaba metiendo a su departamento todas mis cosas. Viví con Roberto 15 días. Después firmé un contrato para un departamento padrísimo en la Ciudad de México; resultó que mi hermana se estaba separando, así que nos fuimos a vivir juntas. Mis miedos económicos no eran infundados, aun al dividir la renta con mi hermana no me alcanzaban mis ahorros ni para el primer mes. En cuestión de horas le vendí un iPad viejo que casi no servía a una persona que estaba decidida a ayudarme. ¿Sabes quiénes fueron mis avales? Mis papás, porque en esos días que viví con Roberto las aguas turbulentas se calmaron, mi relación con ellos mejoró muchísimo y mi vida profesional despegó drásticamente.

Sé paciente, intenta no juzgar a los demás: todos estamos tratando de hacer lo mejor que podemos. Mientras tanto tú haz lo que tengas que hacer para seguir avanzando y no te detengas.

Tus amigos o conocidos se toman el crédito de tus frutos

Como seguramente ya lo estás viviendo, el proceso de sanar suele suceder en lo privado de tu habitación, en la madrugada cuando todos duermen o en los *breaks* que te puedes dar en la oficina. Es un trabajo sumamente demandante porque tus emociones no se apagan aunque tengas mucho que hacer. Todo lo que estás aprendiendo te está abriendo camino para sentirte mejor y poder recuperar las riendas de tu vida. Si el típico consejo de "échale ganas", "sal y distráete" o "trata de pensar en otra cosa" funcionara yo no estaría escribiendo este libro. Va a ser muy común que escuches frases como "¿Ves?, te dije que me hicieras caso", "Cuando me hiciste caso todo se empezó a arreglar", "Te lo dije y te funcionó", "Era obvio que te ibas a sentir mejor con el tiempo", "Para la próxima hazme caso a la primera". Es bastante irritante, pero una vez más, date cuenta de que no son adivinos. Nadie más que tú y Dios saben lo difícil que ha sido levantarte y sobre todo empezar a sanar heridas de merecimiento. Así que sonríeles y listo. Más adelante les contarás cómo fue tu proceso, pero por ahora no te claves en intentar explicarlo.

Tu familia, amigos y conocidos dejan de sentir que tienen cosas en común contigo

Dependiendo de qué tan rápido vayas y lo que le guste a tu círculo familiar o social puede que tus ajustes de forma de pensar o actuar se sientan muy drásticos para ellos, que empiecen a decirte que estás cambiando mucho, que ya no convives, que te estás volviendo una sangrona. Lo mejor que puedes hacer en estos casos es compartirles un poquito de tu proceso para que empaticen contigo y respeten tu derecho de cambiar y evolucionar hacia una conciencia más plena de ti.

Yo durante mi proceso dejé de fumar, y recuerdo que un día un amigo me dijo: "Qué triste que ya no vamos a fumar juntos". Le contesté: "Nuestra amistad no va a cambiar por eso, estoy dejando de fumar porque en las noches de ansiedad se me estaba saliendo de control y quiero demostrarme que no necesito fumar para calmar mi mente". Esta frase fue suficiente para que me dijera: "Te ayudo. Cuando estemos juntos yo tampoco voy a fumar". Sentí mucho amor y apoyo. Recuerda, a veces es sólo cosa de abrirles a los demás una ventana a nuestro corazón para que no sientan una separación por nuestro despertar de conciencia. Pero hay veces que nos da tanto miedo que nos rechacen que saboteamos el proceso y regresamos a ser quien éramos.

No te voy a mentir: puede suceder que sí pierdas a algunas personas. Habrá quienes se burlen, se quejen o te critiquen por tus cambios o tu nueva forma de ver la vida; incluso quienes usen tus momentos de debilidad del pasado para echártelos en cara: "Estabas ligando por Tinder y ahora resulta que eres muy espiritual", "Apenas hace un mes estabas rogándole", "Seguro has de estar *stalkeando* a tu Ex desde una cuenta falsa"… Si esto llegara a pasarte, debes poner límites muy firmes; va a ser superimportante para tu propio subconsciente que no sabe si tu cambio es firme o superficial.

En la universidad tuve una amiga muy cercana que era sumamente tóxica, pero me caía muy bien y la verdad me hacía reír mucho, aunque su forma de ser era bastante conflictiva. Dejamos de vernos por bastante tiempo porque se mudó a otra ciudad, pero años más tarde regresó y, aunque quiso retomar nuestra amistad, era evidente que ya éramos como agua y aceite; ella quería conectar con una versión de mi pasado que ya no existía. En uno de sus arranques se burló de mi profesión como *life coach* mostrando su incredulidad ante lo que ahora me apasiona. En ese instante le puse un límite y en mi mente esa amistad se terminó sin necesidad de explicar nada. En algunos casos no tiene sentido jalar, forzar o convencer a los demás de tu evolución.

El Ex regresa

Es muy normal que tu Ex regrese a buscarte, te llame o te mande señales de algún tipo, simplemente porque va a sentir la falta de energía de tu parte. Aun cuando tenemos mucho tiempo de no vernos, si no hemos cortado lazos de alma o contratos espirituales, seguimos sintiendo un flujo de energía, una conexión difícil de explicar con palabras pero que se siente.

¿Conoces la expresión "tener una velita prendida"? En México la usamos para referirnos a esa persona que no queremos en realidad, pero que sí buscamos tener al alcance en caso de sentirnos solos o necesitar que nos levante el ánimo, el ego, o nos llene el hueco de vez en cuando. Es un término sin duda muy tóxico. Creo que todos hemos sido o tenido velitas prendidas: sabemos que no se necesita mucho esfuerzo para reactivar algo si el fuego nunca se apagó por completo.

La forma de identificar si tienes una velita prendida es si sientes la energía y disposición de la otra persona: dispuesta a quererte, a recibirte, a conformarse con lo que ofrezcas. Y desgraciadamente, cuando una relación termina y es claro que alguien quiere volver, la otra persona sabe que tiene ese chance de rescatar la relación cuando se le dé la gana, si se le da la gana.

Somos una velita prendida cuando extrañamos muchísimo al Ex, pensamos todo el tiempo en él y le pedimos volver (expresamente o cuando lo hacemos sólo en nuestras oraciones secretas). Le transmitimos esa energía a la persona que no nos hace caso o que nos dejó de querer. Ahora sabes que en el proceso de sanar el corazón, cuando pasamos por el ejercicio de cortar lazos y contratos, empezamos a liberarnos del apego a lo que no fue, y todo eso baja drásticamente el flujo de energía de nuestra parte, lo cual da como resultado que la otra persona se incomode, sienta la ausencia de algo, se sienta raro, extrañe, especule, tenga sueños y, eventualmente, se cuestione si sigues ahí.

Es el ego que quiere darles una revisada a las velitas para que estén al día. A veces esas revisadas son chiquitas, por ejemplo, un mensajito de "¿cómo estás?, me acordé de ti"; si hay algún pretexto como tu cumpleaños, tu graduación o la Navidad, uno de "felicidades, espero que estés muy bien"; o si hay un temblor, accidente o pandemia, uno de "sólo quiero saber si estás bien".

¿Ese ego es normal? Sí, tu Ex no tiene que ser una persona mala, despiadada o cruel para actuar irresponsablemente a partir de la necesidad del ego. Incluso muchas veces el Ex genuinamente se confunde cuando siente que tu energía se va. Puede creer que te busca para tener claridad, cerrar el ciclo, pedir perdón o algo similar que en su mente tenga todo el sentido del mundo. Entonces, es normal dado que pasa mucho, pero no porque sea normal deja de ser **egoísta**, y tú debes estar muy alerta para no caer en el error de sabotear tu proceso.

¿Cómo saber que tu Ex te busca porque de verdad te ama y quiere volver? Es muy simple: tu Ex te va a buscar directamente y sin rodeos para eso; va a tener respuestas y propuestas. Una señal muy clara es que tu Ex llegue en una mejor situación que antes (estabilidad, claridad y crecimiento personal). Si esto ocurre así, quiere decir que genuinamente es amor y ganas de intentarlo otra vez desde un lugar consciente; que aprendió, procesó y quiere un nuevo comienzo.

¿Cómo saber que tu Ex te busca porque quiere seguir teniendo tu energía a la distancia? Si te busca para nada en particular; si te busca, pero no sabe qué quiere; si te busca y ya tiene otra pareja, pero le sigue importando tu bienestar; si no quiere regresar, pero quiere tener un lugar en tu vida preocupándose por ti o por tu familia; si no quiere regresar, pero te quiere apoyar con dinero (a menos que tengan hijos); si propone que se vean de vez en cuando como amigos; si te busca con la intención de tener un encuentro sexual, pero sin estar seguro de nada más.

En conclusión, la forma de distinguir si tu Ex te busca por razones que valgan la pena sería si te busca sintiéndose bien, en un estado de despertar, consciente de lo que implica acercarse de nuevo a ti, y genuinamente asumiendo la responsabilidad de trascender sus emociones. Si está mejor que cuando cortaron y quiere pasar tiempo a tu lado de verdad, podría tratarse de uno de esos raros casos donde pudieran regresar y vivir un nuevo comienzo.

Pero si te busca con una energía itinerante, con la intención de saber de ti, pero no quiere nada más; si se hace presente en tu vida, pero navega con bandera de que es un contacto desinteresado sólo "para ver cómo estás", entonces se trata de un tremendo foco rojo **egoísta**, pues muestra ganas de recibir tu validación y energía, pero sin ofrecerte ningún intercambio real. También, si te busca porque "te ve muy bien" y le da mucho gusto por ti, ¡aguas!

Con mis clientes pasa el 95% de las veces que cuando empiezan a sanar y ven un progreso en su desapego al pasado, a vibrar más alto, a motivarse más por el futuro, casi con relojito en mano en la semana cinco o seis aparece el Ex en alguno de estos escenarios:

- Está muy mal, en bajón; le está yendo mal económicamente; terminó con la persona con la que tuvo una relación después de ti; está en depresión, algo le pasó; alguien se murió y quiere tu empatía, apoyo, ayuda o validación.
- Está curioso y quiere tocar base: no tiene nada claro, pero le dieron ganas de preguntarte algo, de saber de ti o de alguien de tu familia; sólo se hace presente con algún pretexto equis y desaparece de nuevo.

- Se entera de que estás bien: quiere felicitarte, pedir perdón, tocar base con un café, una cena o algo para "cerrar el ciclo".

Todo esto es tan cliché que puede que tú lo hayas hecho con alguien también. Como te mencionaba, no es que tengas que ser "malo" o "cruel"; es que nadie nos educa en el tema de la energía, de los lazos y contratos que nos generan tanto apego y necesidad de la validación de los demás, particularmente amores del pasado.

Sentimos el hueco, la ausencia, y pensamos que "algo significa", y regresamos a ciclos de toxicidad codependiente donde **estamos y queremos a medias**, sólo por nuestra adicción a la validación de otro. Nos vamos y regresamos sólo porque sentimos que la energía del Ex se va, y cuando reanudamos la relación vuelve a fracasar todo. Ésta es la razón por la cual las parejas cortan y regresan, cortan y regresan, y así se les va la vida sin sanar ni ser felices; sólo muestran su adicción a la energía del otro, pero no un amor genuino, consciente y responsable del corazón propio y del ajeno.

Yo por mucho tiempo quise regresar con mi Ex, incluso después de haber cortado por segunda vez. Me tomó mucho tiempo y esfuerzo reconstruir mi vida: no tenía la información que tú tienes ahora y estaba explorando un camino completamente desconocido para mí. Como ya lo sabes, no descansé y me enfoqué en sanar como fuera. Después de varios logros, mi corazón empezó a sentirse genuinamente liberado, y yo, a sentirme poderosa. Me sentía guapa después de hacer tanto trabajo para elevar mi amor propio; inteligente, pues encontré un nuevo amor por la lectura; independiente, pues ya tenía mi departamento, mi negocio estaba floreciendo, tenía clientes increíbles que me mantenían supermovida, tenía más dinero que nunca antes y finalmente me animé a meterme a una certificación para convertirme en *life coach*... ¿Y qué crees? Fue ahí, casi dos años después de haber cortado con mi Ex, que por primera vez me buscó para invitarme a cenar.

Yo tenía mucha curiosidad, no sabía qué iba a sentir. Tenía mucho tiempo sin verlo y me animé. Quedamos en un restaurante italiano muy bonito y él llegó con su actitud de galán: caballeroso, encantador, pidiéndole al mesero lo que recordaba que me gustaba sin preguntarme, como para demostrarme lo bien que me "conocía". Durante la cena, la verdad es que la pasé muy bien, nos actualizamos y platicamos muy cordialmente. Él no paró de decirme que me admiraba, que sabía que yo siempre triunfaría, que "ya sabía que yo estaría bien". Para no hacerte este cuento largo, me acompañó al coche y me trató de besar. Yo, por fortuna, me quité a tiempo. Fue totalmente inesperado para mí. Él tan sólo quedó muy incómodo y me dijo: "Avísame cuando llegues a tu casa". Lo cual, por supuesto, NO hice.

Conversando con mi mejor amiga Karen en nuestro Starbucks favorito, ella me preguntó cómo me había sentido durante la cena. Mi respuesta fue: "Cómoda, como en mi casa". Si bien la plática se dio muy natural, ya no sentí atracción por él; sentí como si hubiera estado viviendo un día de mi pasado que ya no era para nada mi verdad. Mi corazón se rehusó a confiar en él, mi cuerpo se contrajo ante su acercamiento y me fui.

En los días subsecuentes me mandó uno que otro mensaje: trataba de tener una conversación casual, pero sin querer ni proponer nada; así que yo no le daba mucho pie, le contestaba corto y lo dejaba en visto. Sentía que sólo estaba quitándome energía, distrayéndome, confundiéndome, haciéndome sobreanalizar todo, y yo ya no estaba dispuesta a eso. Como relojito, a las tres semanas posteó una foto misteriosa, y luego otra con su nueva novia con un texto que daba a entender que llevaba meses enamorándose de ella. Esta vez me sentí feliz, graduada de la experiencia humillante; me sentí chingona por no haber tropezado con esa piedra.

Esto no quiere decir que no haya historias donde sí se reconstruye una relación. Pero ojo, no te dejes apantallar por los cumplidos, piropos o recuerdos del pasado. Te vas a dar cuenta de si te buscan para recibir validación inmediata de tu parte, sin mostrar ningún respeto por tu corazón o tu proceso de sanación, con tal de probarse a sí mismos que te mueven todavía. Ése sería un foco rojo gigantesco que no puedes dejar pasar.

Otro punto importante sería preguntarte si te gustaría tu Ex si lo estuvieras conociendo ahora, en el presente. Muchas veces nos confundimos por la nostalgia de lo que algún día fue. Aquella vez que mi Ex y yo nos vimos, él se dedicó a hablar de momentos del pasado como para mover fibras sensibles. Pero la realidad es que si yo lo hubiera conocido esa noche, habría sido una cita de flojera. Recuerdo incluso que yo le quería contar que me estaba certificando como *life coach*, lo saqué al tema, y él me dijo: "¿En serio crees que yo podría ser *coach* de vida?" Malinterpretó completamente lo que estaba diciendo, pensando que toda la conversación giraba alrededor de él, y ahí lo dejé. Lo más chistoso es que no me molestó; sólo no sentí ganas de dedicar mi energía a explicarle.

Empezamos a manifestar

Cuando empezamos a trabajar tanto en nuestro interior como lo estás haciendo tú ahora mismo, la forma en la que nos perciben los demás cambia drásticamente y nos volvemos más atractivos. A mis clientes les explico esto a través de una metáfora: imagina que al elevar tu frecuencia vibratoria te vuelves más magnético, pegajoso, cual cucharada de miel. Si yo pusiera una cucharada de miel en la mesa de mi terraza, rápidamente se empezarían a acercar un montón de insectos y animales: hormigas, moscas, abejas, avispas, libélulas, pájaros, mayates, ardillas, ratones, gatos, perros y demás. Así la gente también se acerca a nosotros, por simple curiosidad, porque es muy raro encontrar una dulce cucharada de miel hoy en día.

Cuando eso pasa nos sentimos supermagnéticos, atractivos, deseables; y corremos el riesgo de irnos con lo primero que llega, pensando "si yo lo manifesté, quiere decir que esto es para mí", "si llegó a mi vida, es por algo", "ya encontré al amor de mi vida"… Todo lo que atraigas —sobre todo después de que no se te paraban ni las moscas— es una señal de tu magnetismo, resultado de tu cambio de vibración. Pero eso no quiere decir que no tengas que revisar y analizar si esa persona que llegó a tu vida está realmente alineada con lo que tu corazón busca en una pareja. Puede llegar una libélula morada con alas tornasol magnífica, que tú jamás pensaste que se interesaría en ti, y sin embargo, puede ser un mal complemento. Si pasas todo lo que se acerque por el filtro de tu corazón, te darás cuenta de que tu mariposa azul también debe estar en camino. No quiere decir que hayas manifestado mal, sino que lo primero que se te acerca no siempre es lo adecuado. Más bien, cuando empiezas a ser magnética, todo lo que llega es una señal de que eres deseable, valiosa, atractiva, interesante. Vas a tener que observar, sentir y decidir según tu intuición.

Uno de mis clientes de *coaching* más queridos, Juan Pablo, tiene un par de años de casado con su novia de toda la vida. Durante el último año hemos estado haciendo mucho trabajo interior que lo ha llevado a descubrir el poder de su energía masculina. En este tiempo ha crecido radicalmente, ha emprendido varios negocios y proyectos, ha hecho ejercicio, ha sanado heridas del pasado, y por supuesto eso ha impactado fuertemente en su amor propio y lo ha hecho sentir un hombre muy atractivo, interesante y magnético. En pocas palabras, está en su mejor momento, y con esa confianza personal se ha vuelto muy pegajoso. En la última sesión de *coaching* que tuvimos estaba muy preocupado porque, a pesar de que ama profundamente a su esposa, ha sentido ganas de conocer románticamente a otras mujeres. Juan Pablo no va a ser infiel, eso no es lo que le preocupa; simplemente teme experimentar esa confusión. Juan Pablo nunca había visto tanto insecto de colores tornasol rondándolo, y es verdad que todos nos podemos deslumbrar cuando de todo se nos empieza a acercar. La clave es siempre escuchar la voz del corazón para que nos guíe a lo que de verdad anhelamos y se alinea con nuestra esencia, valores y metas de vida.

Después de volver a ver a mi Ex y que se disipara toda curiosidad, me sentí muy fuerte y firme respecto a mi valor. Todo estaba mejorando; empecé a disfrutar mucho ser yo; mis días estaban llenos de proyectos interesantes, gente valiosa y abundancia en general. Todo iba marchando muy bien, sólo me faltaba volver a enamorarme. Me sentía lista e ilusionada de encontrar a la persona correcta ahora que tenía tanta información, así que decidí abrir una cuenta de Tinder. Al principio sólo fue por curiosidad y sin mucha expectativa. Resulta que aparentemente fui un éxito rotundo: a los pocos días estaba teniendo conversaciones como con 10 chicos, y todos, por lo menos en sus fotos, se veían muy guapos y normales. Las conversaciones también estaban fluyendo superbién; y finalmente, como al décimo día de sacar mi cuenta, "Alberto" estaba pasando por mí para ir a cenar.

Yo estaba emocionadísima, apantallada con el escarabajo de colores que me había llegado: era supercarismático, megahípster, con un *look* de revista, exitoso, millonario; y descubrimos que teníamos muchos gustos musicales en común… Los días fueron pasando y me escribía a todas horas; salimos asiduamente durante tres meses: compraba boletos para conciertos, salíamos a cenar, veíamos películas en su casa, me invitó a una boda, fiestas con sus amigos y demás. Todo iba de locura, pero no le habíamos puesto "título" a la relación.

En mi mente ingenua, creía que era yo la que iba despacio, dándome mi taco, tomándome mi tiempo para decidir si él era el indicado. Iba arrastrando la cobija por las banquetas con el mantra de "es él, es él, es él" y no notaba ningún foco rojo. Me fui "como gorda en tobogán" pensando: "Estos hombres no existen; tiene que ser él" y "Que llegue alguien así (escarabajo de dos cabezas de colores exóticos) es una oportunidad única". Y claro que con esos pensamientos ignoré mi intuición: vi lo que quería ver, perdí mi magnetismo y de un día al otro me dejó de hablar. Así como lo oyes. Un día me dejó en mi casa, feliz de la vida, y al día siguiente, superseco. Dos días después sin contestar mis mensajes, y yo me di una caída libre al bajón de la humillación, la duda, la confusión y la culpa.

Te doy detalles de estas historias para que abras bien los ojos cuando empieces a manifestar. Presta atención a los focos rojos. No permitas que nada ni nadie te apantalle haciéndote volver a entregar tu corazón al primero que se aparezca en tu camino. Aprende a observar y actuar lento; sólo así te va a dar tiempo de escuchar tu intuición.

Después se sentirme fatal, tuve que arrastrarme de regreso, muy despacito, por la escala de emociones que ya conoces. Me fui recuperando, leyendo, escribiendo, sintiendo esa vergüenza (porque, por supuesto, ya le había contado a toda mi gente cercana que había encontrado al mero mero). Ahora estaba en la confusión total, donde la única respuesta era que él andaba pasando el rato hasta que se encontró con otro bicho más interesante que yo. Para terminarla de joder, como a la semana subió una foto en Instagram con una chica —que yo conocía de la universidad— en un concierto al que íbamos a ir juntos, y andaban bien acaramelados. Lo primero que pensé fue: "Conmigo en tres meses nunca subió una foto". "Ugh, guácala", sentí.

La autocompasión va a ser importantísima si llegas a tropezar de esta manera, donde se abren un poco las heridas de rechazo y abandono. No lo sobreanalices más de la cuenta: date el amor que le darías a tu mejor amiga o a tu propia hija.

Hubo momentos en los que me costaba trabajo dejar de hacerme preguntas que me llevaban a desvalorizar mi proceso. ¿Por qué no vi los focos rojos? ¿Manifesté mal? ¿No aprendí nada? La realidad es que manifesté el acercamiento, el interés, las atenciones, las invitaciones y demás. Pero él no era el bicho correcto que yo estaba buscando. No tenía ninguna de las cualidades que yo realmente anhelaba. Tenía otras muy bonitas y apantalladoras que me hicieron conformarme por mis creencias de escasez que me decían "es ahora o nunca" "éste o ninguno", y me aferré a lo primero que llegó por mi urgencia de manifestar.

Me sacudí el polvo y al poco tiempo regresé a Tinder. "Ahora sí, Esther, sé muy inteligente, aprende del error pasado y manifiesta a alguien que no esté en el desmadre nada más", me dije. Me la fui llevando leve, salí con tres personas muy buena onda, sólo que la química no fluyó tanto. Estaba muy orgullosa de mí porque podía darme cuenta de que no eran lo que yo buscaba a pesar de ser personas valiosas. Podía admirar al bicho y decirle: "No, gracias, sigue tu camino, gracias por recordarme que soy interesante, magnética y pegajosa. Te deseo lo mejor, adiós".

Por un tiempo me sentí graduada: ahora sí estaba yendo a mi ritmo y quizá me volví a confiar, olvidando que tengo la proclividad de irme como hilo de media cuando se trata de amor.

Después llegó "Ricardo", abogado de Pemex, beisbolista de corazón, amante de los perros. Pasó por mí para ir a cenar; la plática fue estupenda, me cayó increíble. Nos quedamos ahí hasta las 2 a. m., nos corrieron prácticamente porque estaban cerrando el lugar. Era guapo, megaatento, con un humor sarcástico, muy carismático, y caí redondita. Me traía de un ala. Mensajes constantes. Nos vimos seguido como por un mes, y una noche me invitó de *bar hopping*. Fuimos como a siete bares hasta que nos amaneció. En eso le llama su hermano para ir a desayunar (venía de una boda o algo así), y nos fuimos juntos. Conocí a su hermano y a la novia del hermano. Todo muy a gusto, siempre me sentí cómoda. Saliendo de desayunar, me llevó a mi casa. Me dormí todo el día para recuperarme de la borrachera y la desvelada, pero feliz, y me dije otra vez: "Es él, es él, es él", y nunca más lo volví a ver.

¿Te acuerdas de la autocompasión? Bueno, pues la debes tener muy presente sobre todo cuando cometes un error recurrente. No te martirices, no te critiques y no creas que te pasará lo mismo siempre. Esto es una alerta roja mostrándote que tienes un punto ciego y la clara proclividad de volver a tropezar de manera similar. Aprende de tu error —otra vez—.

"¿Qué estoy haciendo mal? ¿Por qué siempre me pasa lo mismo?" En todo me iba bien menos en el amor. Tuve que darme cuenta de que estaba atrayendo muchas cosas, incluidos hombres interesados en mí, pero no estaban buscando lo mismo. Así que decidí hacer una pausa: cerré Tinder y me dediqué a profundizar mucho más en tres cosas importantes: *1)* cómo escuchar mi intuición, *2)* cómo amarme profundamente sin soltarme cuando llegan bichos exóticos que me apantallan y *3)* todo sobre manifestación avanzada.

SÍNDROME DE UN CORAZÓN ROTO

El síndrome del impostor nos puede mover el piso. Cuando empezamos a cambiar nuestra forma de pensar tan radicalmente, vamos a tener un periodo de adaptación donde podemos sentir que no estamos seguros de nuestra identidad. No sabemos en lo más profundo si estamos siendo sinceros o si tenemos delirios de grandeza cuando decidimos creer algo de nosotros mismos o cuando le creemos a Dios lo que dice de nosotros. Es completamente normal, ya que tu paradigma de creencias está siendo remodelado.

El síndrome del impostor sucede cuando, a pesar de estar experimentando lo capaces que somos para manifestar, crear, sanar y trascender, algo dentro de nosotros se resiste a creerlo y se aferra al pasado, preocupado de que toda esta nueva sensación y confianza personal sean como un castillo de naipes y realmente no estén bien cimentadas. Nos podemos sentir convencidos de que somos un fraude y no merecemos el éxito que hemos conseguido. Las pruebas de que estamos sanando y cambiando nuestra vida para siempre son rechazadas como pura suerte, coincidencia, o asumimos que no va a durar.

Empezamos con muchas ganas queriendo que funcione, pero cuando empieza a funcionar delante de nuestros ojos, nos aterroriza pensar que haya sido un error del universo. Porque seguimos aferrados a la vieja identidad; seguimos pensando que somos los que éramos.

Para sortear el síndrome del impostor —porque puede presentarse por temporadas— debes aferrarte y afianzar tu merecimiento; recordar que eres un ser de luz potente, que eres poderosa y talentosa, que fuiste concebida para amar y ser amada y para vivir en abundancia. Estás pasando por una metamorfosis, igual que una oruga que se encapulla y pierde su identidad hasta que finalmente puede reconocer que es una mariposa.

Como te conté, mi pódcast se llama *Reinvéntate* porque quiero que la gente se reinvente en quien siempre estuvo destinada a ser. La oruga, como tal, siempre estuvo destinada a ser mariposa, aun sin saberlo; no se le ocurrió a ella, ya estaba en su naturaleza.

Tu naturaleza es hermosa. Cuando lo dudes es porque seguro no has roto el capullo de creencias limitantes, miedos, complejos e inseguridades en el que estás metida.

Y así es como una oruga puede tener sueños de volar y ser considerada como una loca. Sigue tus sueños y encontrarás tu propósito; emprenderás el viaje para ser quien siempre fuiste creada para ser.

EJERCICIO PRÁCTICO

Vas a necesitar los siguientes ingredientes:

- Un cepillo para el cuerpo
- ¼ de taza de aceite de coco
- Aceite esencial de lavanda y de bergamota

Lavanda: es uno de los aceites más relajantes. Se puede usar de muchas maneras: en difusor, tópicamente para relajar músculos, e incluso en alimentos (sólo si el aceite tiene grado alimenticio). El aroma es muy agradable y genera una sensación de paz y bienestar.

Bergamota: este aceite también es calmante, pero al mismo tiempo revitalizante, lo cual hace que bajen los niveles de estrés y que se genere espacio para una mente creativa y con esperanza.

Lo que vas a hacer es un ejercicio a manera de ritual de amor propio. Vas a preparar el aceite de coco con unas gotas de lavanda y de bergamota. Pon música, enciende una vela, disponte a tener un espacio para ti.

Visualiza que estás dejando la vieja piel, las viejas creencias, los viejos rencores, y sobre todo, que estás descubriendo tu verdadero ser. Lo primero que harás será cepillarte el cuerpo en seco, vas a activar tu circulación y exfoliar tu piel. Después vas a bañarte con agua caliente sin prisas e idealmente con un jabón en barra, sin zacate ni esponja. Por último y después de secarte, vas a hidratar tu piel con el aceite que preparaste cubriendo cada rincón de tu cuerpo. No es necesario que uses mucho; toma el que tu piel pueda absorber sin que quedes demasiado aceitosa. Durante todo este ejercicio piensa "te amo, gracias, lo siento, perdóname".

Después descansa, lee, escribe y duerme. Este tipo de rituales son sumamente poderosos para tu mente subconsciente; algo está cambiando y se siente muy bien.

Impaciencia

El mayor enemigo de tu capacidad para diseñar la vida que quieres y fortalecer tu amor propio es la urgencia. No hay camino corto para alinearte y sentirte bien **aquí y ahora**. Se trata de sanar, reflexionar y aceptarte en cada paso del proceso, hasta que te encuentres viviendo una realidad completamente distinta. En el momento en que te comparas con los demás o empiezas a desesperarte porque el proceso lo percibes lento, terminas sufriendo en vez de disfrutar el viaje.

Al sufrir estás bajando tu frecuencia vibratoria; entonces, aunque quieras manifestar cosas buenas para ti (un nuevo amor, dinero, oportunidades laborales), por la ley de la vibración estás atrayendo más de lo que no quieres: la impaciencia atrae más tardanza, y la tardanza fomentará que la vibración de urgencia se mantenga. Todos los seres humanos somos autónomos en nuestras emociones: si te sientes en urgencia voluntaria, la ley de la vibración traerá todo lo que vibre igual.

Recuerdo perfectamente que en esas noches de insomnio causado por mi urgencia dije varias veces en mis oraciones: "Dios, dale un giro de 180 grados a mi vida", es decir, cámbialo todo. Hubo momentos en los que me desesperaba y momentos en los que me daban bajones emocionales por pensar que estaba tardando mucho o por imaginarme la incertidumbre de mi futuro. Fue finalmente cuando dejé de compararme que empecé a disfrutar mi camino en "las buenas" (cuando me emocionaba por todo lo bueno que podía agradecer) y "en las malas" (cuando reafirmaba que todo es un aprendizaje). Me dejó de urgir el cambio porque estaba enfocada en mi día a día, aprendiendo, leyendo, reflexionando… y de repente un día pensé: ya di el giro de 180 grados, todo es diferente dentro de mí y fuera de mí.

Aquello que envidias nunca lo podrás tener

Las comparaciones también son una enorme fuga de tu energía y un puente rápido a las emociones densas; cuando te comparas y te llevas a sentir envidia estás vibrando en una emoción opuesta a alguien que tiene aquello que dices que quieres. Recuerda que las leyes universales no son personas empáticas que entienden tus motivos para sentirte mal, ni tu hada madrina ayudándote o Dios castigándote; simplemente son leyes de física cuántica activas, de manera que cuando tú ves algo que quieres y sientes emociones densas estás repeliendo su manifestación en tu realidad.

Cuando aprendes cómo funcionan estas leyes y quieres activarlas a tu favor tienes que ser intencional con lo que sientes:

Si quieres dinero, ver dinero en los demás no te puede generar tristeza.

Si quieres pareja, no puedes ver parejas y sentir envidia.

Si quieres éxito, no puedes ver a tus amigos tenerlo y sentirte menos.

Generalmente nadie quiere ser envidioso o sentir coraje cuando otros tienen pareja, dinero o simplemente les va mejor; el error más común es negar lo que sentimos, evadir y bloquear la expresión de esta emoción. Nos mentimos a nosotros mismos y no queremos ni pensar en ello.

¿Te acuerdas de que te expliqué que cuando no sentimos una emoción la perpetuamos? Pues éste es un clásico ejemplo de cómo negar nuestras emociones sólo retrasa nuestro proceso de sanación y también de manifestación.

EJERCICIO PRÁCTICO

Si ya estás sintiendo envidia, coraje o tristeza, sincérate y derrama tus pensamientos al papel; desahógate, llórale, pégale a una almohada; salte a correr a toda velocidad; si estás en un lugar solitario pega un grito; expresa de manera íntima y segura todo lo que SIENTES.

Todas las emociones las puedes sentir, y sentir una emoción densa no te hace una mala persona. Es más, sólo al no sentir es que guardamos amargura en el corazón y terminamos siendo amargados, resentidos, tóxicos o enojones. Y la mejor noticia es que si te atreves a sentir lo que ya está en ti, lo dejarás de sentir y activamente te estarás moviendo a emociones más placenteras.

¿Entonces cómo trasciendo estas emociones bajas? Para darle la vuelta a estas emociones usamos nuestro entendimiento de la ley de la unidad, ya que, si en esencia y materia todos somos uno, podemos abrir nuestra mente para unirnos a la emoción de aquello que queremos cuando lo vemos en manos de alguien más al asumir que si es posible para ellos es posible para nosotros también; sólo es cuestión de empezar a vibrar igual.

Te doy un ejemplo muy inspirador: Ana, una de mis clientes de *coaching*, me decía en sesión que estaba muy triste porque no lograba embarazarse y todas sus amigas ya iban por el segundo bebé. Me decía que no podía ir a reuniones, *baby showers* o bautizos sin sentirse sumamente triste y frustrada. Sentía que al pretender sentirse feliz por sus amigas se estaba traicionando a sí misma, entonces estaba en la encrucijada de mejor no ir a esos eventos. Justo después de esa sesión tenía varios compromisos del tipo.

—¿Cómo puedo no ir y no perder a mis amigas? —me preguntaba Ana.

—¿Por qué no mejor vas y usas estas oportunidades para unirte a la celebración, sentir la emoción, la alegría de un nuevo bebé, te unes a la vibración de tus amigas y manifiestas tu propio embarazo?

—¿Eso se puede hacer?

—Claro, ¿qué mejor oportunidad para saber cómo vibrar en la frecuencia de tener un bebé en puerta que en el *baby shower* de alguien que quieres y conoces bien? Es posible para ti embarazarte, pero al sentirte densa ante la evidencia de bebés a tu alrededor pareciera que es lo que menos quieres. Siempre estamos manifestando, y en este caso tú estás decidiendo manifestar lo que no quieres.

—Pero… ¿cómo le hago?

—Muy fácil, si yo fuera tú, se me ocurre que le llamaría a mi amiga y le diría que quiero llegar antes para ayudarla con lo que se necesite. Me involucraría con la organización y le preguntaría a mi amiga cómo se siente, qué la emociona, qué le preocupa, cómo le puedo ayudar, y haría todo por ella como si fuese para mí. Porque, por la ley de la unidad, lo es.

—¿No es egoísta ayudar por un interés propio?

—Si quieres a tu amiga no es egoísta, el amor va a ser la base para poder unirte a su celebración; son sólo tus prejuicios y tus ideas de escasez que te hacen querer separarte de su experiencia y de tu manifestación.

La idea es muy simple: para manifestar algo tienes que empezar a vibrar en la frecuencia vibratoria de *tenerlo*. Podemos tratar de imaginarnos estas emociones o podemos también unirnos a la celebración de aquel que tiene lo que queremos y vibrar con ellos, lo que hará más fácil su manifestación.

Mi recomendación fue ve, celebra, ayuda, juega, abraza a tus amigas, asume con certeza que todo eso viene en tu futuro y que ellas estarán ahí para ti en su momento. Desde esta luz, cuando vas a estos eventos en lugar de sentirte mal porque lo ves imposible, te empiezas a contagiar de esa felicidad y lo ves cada vez más viable para ti. Y así fue, se le abrió un nuevo panorama; ahora sí podía ir y celebrar porque mientras más genuina era su felicidad más lo hacía posible para ella. (Esto no se puede fingir, si pretendes ser feliz pero por dentro estás triste, no funciona; para manifestar usando la ley de la unidad tienes que sentirte genuinamente inspirada por lo que los demás tienen.) Ana se embarazó seis meses después.

Cada quien está viviendo su propio proceso

Otra cosa que te puede ayudar mucho con tu proceso para soltar la urgencia y las comparaciones es simplemente entender que cada quien va a su propio ritmo, todos estamos viviendo nuestro propio proceso. Los tiempos de Dios siempre son perfectos y en este camino cada quien avanza según su disposición, su determinación y su resiliencia. Compararnos o desesperarnos sólo nos retrasa; por eso, si de verdad quieres avanzar y diseñar la mejor vida (la que tu corazón anhela), vas a tener que dejarte de quejas, rodeos, sabotajes y tomar total responsabilidad de lo que te permites pensar y sentir ante los estímulos que se presenten en tu realidad.

¿Sigues mirando a tu Ex? No entiendes por qué le va bien

Puede que tu Ex parezca que la está pasando muy bien, que ya rehízo su vida o incluso que ya se casó con alguien más, cambió de carro, muestra fotos feliz, y eso sea tu mayor fuente de dolor. Si te molesta que a tu Ex le esté yendo muy bien y a ti no, es un claro foco rojo de que sigues viéndolo a él y no a ti misma, sigues comparándote, sigues abandonándote en el proceso, sigues voluntariamente victimizándote, sigues vibrando para manifestar lo que no quieres.

Y desgraciadamente aquí no hay atajo: la única salida es que dejes de mirar a tu Ex y te enfoques en ti. Además, no puedes asegurar que la esté pasando tan bien sólo viendo sus fotos; es muy fácil mentir en redes sociales y aparentar, hay muchas personas que cambian de carro, de casa, de trabajo y son infelices, sólo que en Instagram no se nota. Pero aun si la está pasando mal, eso no te ayuda; es la forma más absurda de encontrar confort. No seas esa persona que sólo se siente bien cuando otros sufren. Que la esté pasando bien o mal no quiere decir que te quiera o que le interese tú, así que deja de asumir algo que no puedes interpretar correctamente. Mientras te siga importando tanto tu Ex, se seguirá fugando tu energía y terminarás por sabotear tu proceso. Necesitas poner toda (¡toda!) tu atención en ti.

Cuando vemos que nuestro Ex está bien, tememos porque pensamos que si es feliz menos pensará en nosotros, o menos querrá volver; si lo vemos sufrir o sabemos que está triste pensamos que es más probable que quiera estar con nosotros. ¿Te das cuenta de lo absurda y triste que es esa lógica?

Cuando tu Ex te busca estando *mal* lo que quiere de ti sólo es confort y afirmación; cuando tu Ex te busca estando *bien* es cuando hay esperanza de que las cosas puedan volver a funcionar.

Y si en verdad tu Ex está tan bien, ¿no debería ser eso motivo adicional para que dejes de ver qué está haciendo con su vida y te enfoques en ti?

Yo te podré decir que lo bloquees, que lo borres, que dejes de meterte a sus redes sociales o que les digas a los amigos en común que dejen de pasarte la reseña, pero lo que más importa es lo que haces cuando nadie te ve; sólo tú puedes decidir que dejarás de ver lo que está haciendo para hacerte más llevadero el camino a cambiar tu vida, de manera que sanes tu corazón y empieces a manifestar todo lo que quieras. Entiendo que tengas mucha ansiedad y curiosidad, pero es en encrucijadas como ésta que se forja tu carácter y empiezas a ganarte tu propio respeto.

Y si odias a tu Ex y sólo quieres que le vaya mal, pero no te interesa volver, entonces quizá es hora de que te diga algo que me he guardado para que no se malinterprete: si quieres venganza no te enfoques en que le vaya mal, mejor enfócate en que a ti te vaya bien.

Es momento de contarte otra historia dolorosa:

Cuando mi Ex y yo cortamos por segunda vez, fue porque tuvimos un pleito muy fuerte. Estábamos en casa de su tío, en la fiesta de compromiso de su prima. Yo me había roto la pierna, así que estaba con un yeso enorme sentada en una silla. Mi Ex estaba borracho y sentimental; me decía que su hermano anhelaba irse de intercambio a Barcelona, pero que su tío no lo aprobaba (su tío pagaba todos los gastos de su casa desde que su papá había fallecido muchos años atrás). Mi Ex empezó a hacer cuentas de cómo poder financiar a su hermano para vivir en Europa y yo le dije: "Pero si haces eso ¿cuándo vas a tener algo que ofrecerme?"

Siempre fui de la idea de que podíamos irnos a vivir juntos, incluso sin casarnos (aunque mis papás se enojaran) y empezar desde cero, pagando una renta juntos, y poco a poco lograríamos florecer económicamente. Él tenía mucho miedo de hacer eso porque iba en contra de lo que a su familia le gustaría; su tío tenía dinero como para pagar la boda y darnos un departamento, eso hacía que mi Ex no quisiera hacer nada que lo incomodara. Por otro lado, también le molestaba no ganar más dinero. Muchas veces me dijo textualmente: "Quiero tener algo que ofrecerte". Fue por eso por lo que en esa fiesta, cuando él estaba borracho y yo sobria con la pierna rota, me desesperó y le dije lo que le dije.

Lo que no me esperaba fue su respuesta: **"¿Tú qué? Tú no tienes nada que ofrecerme a mí, ni tu familia"**. Me costó mucho trabajo reprogramar esa humillación en particular, la guardé en secreto mucho tiempo, tuve pesadillas con ella, sus palabras retumbaron por años en mi cabeza. Y te voy a ser muy honesta: cuando empecé a ganar 100, 200, 300 mil pesos al mes, no puedo negar que quería que él lo supiera para demostrarle que me subestimó, que no creyó en mí, ni en mi capacidad, que no sólo me había ofendido a mí personalmente, sino que se había metido con mi linaje.

Ése fue el último pleito que tuvimos la segunda vez que cortamos. Él tuvo una relación con su vecina mientras yo lloraba; luego empezó a andar con alguien más y luego con alguien más… Yo la pasé muy mal por año y medio, pero cuando me atreví a sanar, mi vida empezó a cambiar brutalmente.

Por mucho tiempo quise vengarme, buscaba justicia divina porque el dolor era jodido, pero usé esa energía para motivarme cuando me sentía débil (así es: cuando pensaba que no lo iba a lograr o me daba pena grabar videos compartiendo mi mensaje o me intimidaba dar sesiones de *coaching*, me acordaba de aquel evento y por arte de magia me salían agallas).

Hoy mi esposo Brent es un chingón, que me anima y es mi mejor apoyo. Compartir mi abundancia económica con él ha sido sumamente sanador. Ya no quiero venganza, ya no me pesa, ya no me incomoda. Me hace feliz que me haya pasado lo que te conté porque despertó en mí una ambición fuera de lo normal y hoy disfruto de lo que quiero cuando quiero con quien quiero. Si me hubiera quedado comparándome estaría quebrada.

Como verás, yo no espero que tengas puros pensamientos angelicales. Los rompimientos son duros y hay muchas historias específicas que te lastiman y se graban en tu subconsciente. Pero créeme: puedes usar esas historias como combustible; sólo piérdele el miedo a sentir, libérate de la culpa por tus creencias y deja de ver a todos menos a ti.

Esto es un trabajo de honestidad radical o no vamos a lograr gran cosa. Lo que yo quiero para ti es que dejes al mundo entero con la boca abierta.

8

RECONCÍLIATE CONTIGO

Cuando cíclicamente nos enfrentamos a la soledad y no sanamos entre relación y relación, tenemos una proclividad fuertísima a caer en codependencia inmediata con cualquier persona que muestre interés romántico hacia nosotros. Incluso al iniciar con ganas sinceras y sentir la emoción del enamoramiento, eventualmente habrá codependencia, ansiedad y drama.

En el proceso de sanar tu corazón no sólo se trata de que superes a tu Ex y ahí te quedes, porque las historias se repiten y podemos pasarnos la vida en ciclos de enamoramiento, toxicidad, rompimiento y volver a comenzar. Se trata de que te reconcilies internamente con tu propia esencia y así te deslindes para siempre de la necesidad de conformarte con migajas, codependencia o cualquier cosa que no te guste. Cuando no sanamos vamos bajando la vara de lo que merecemos un poco más. Si no sanas, cada vez vas a merecer menos.

La *soledad* nos asusta porque equivale a sentimientos densos: vacío, desamparo, abandono y rechazo. A pesar de que, como ya sabes, las emociones no son buenas ni malas, cuando estamos en soledad sentimos completa incomodidad y ansiedad.

Para no caer en codependencia es muy importante —crucial, de hecho— que aprendas a amarte y a sentirte cómoda estando sola; no porque así te debas quedar, sino porque de ahí saldrá tu capacidad de poner límites, decir que no, escuchar tu propia intuición y desarrollar un fuerte amor propio que te permita saber con exactitud qué quieres en una pareja.

En el capítulo anterior te conté mis experiencias en Tinder, y te platicaba que no me permití escuchar mi intuición porque estaba demasiado ansiosa de manifestar. Aunque en mucha menor intensidad, la verdad es que aún sentía soledad, y mi prisa me hizo no querer ver los focos rojos, sino sólo lo que quería ver.

La *solitud*, por el contrario, es una soledad agradable; la podemos disfrutar porque equivale a sentimientos de contentamiento, paz, aceptación y amor propio. La solitud es voluntaria y nos ayuda a crear la vida que queremos porque nos da espacio para ir hacia dentro, nos permite conocernos, reflexionar y sentir sin que nadie ni nada nos distraiga de lo que está pasando en nuestro interior. En la solitud sanamos y nos descubrimos quitándonos las máscaras acumuladas que vivimos usando para ser aceptados en diferentes circunstancias.

> 66
> **Para llegar a entender la solitud tenemos que atravesar la soledad.**
> 99

La transición de soledad a solitud sucede al reconciliarnos con nosotros mismos; implica llegar a sentir paz con quien somos de verdad. Dejamos de pelearnos con nuestra realidad actual y sólo así pasamos a crear una realidad nueva.

Cuando estamos en soledad nos sentimos en un perpetuo silencio incómodo, y desgraciadamente tenemos que pasar por esas emociones para llegar al destino: la solitud. Eso quiere decir que te vas a sentir incómoda hasta que te sientas cómoda. Va a pasar, va a darse, pero no te puedes saltar el proceso que será tuyo y será único.

¿Cuánto tarda esto en pasar? Ésta es una de las preguntas más comunes que me hacen. "Esther, ¿cuánto tarda en sanar un corazón después de un rompimiento realmente doloroso?" No te puedo decir cuánto, pero sí te puedo decir que si no empiezas pronto a reconciliarte con lo que hoy *es* tu verdad, pospones cualquier tipo de sueño: emprender, tener abundancia, enamorarte otra vez, una familia, ser feliz, etcétera.

Mientras más valiente seas para sentir y liberar, más rápido vas a sanar. Y si lo pospones también está la opción de que nunca sanes y vivas tu vida a medias, llegues a la vejez con amarguras rancias y mueras sin saber lo que se siente trascender un corazón roto.

La respuesta es amor propio (obviamente)

Pero el amor propio va más allá de pensar que tienes "autoestima", que "te gusta cómo te ves" o que "estás en paz con tu edad y tu cuerpo". Todo esto es importante y ojalá fuese verdad para todos, pero me refiero a otra cosa. Eso no es amor propio, eso es validación de lo superficial o externo de tu ser, según lo que crees que debes ser en relación con tu entorno.

Yo pensaba que tenía amor propio porque, según yo, antes de mi rompimiento nunca tuve baja autoestima. En general, siempre fui alguien fuerte, decidida, valiente para ir tras mis metas; tenía una familia grande y unida, un grupo de amigos fantásticos. Yo no entendía qué era amor propio, me resultaba desesperante porque me parecía por un lado obvio y por otro lado demasiado ambiguo. Amor propio es algo mucho más grande, interno; es una certeza profunda de aceptación y admiración por tu esencia espiritual, por el alma que eres.

Me di cuenta de que yo misma no me caía bien

Cuando estaba con alguien más todo era cómodo: podía enfrascarme en la conversación e interactuar perfectamente. Sin embargo, cuando el día terminaba y me quedaba sola, hacía cualquier cosa para evadirme porque empezaba a sentirme muy ansiosa, como si estuviera con alguien en un silencio incómodo, sin nada en común.

> **Si no te gusta pasar tiempo contigo misma, nunca sabrás lo que es la solitud.**

La soledad se convierte en solitud y la solitud en disfrute. Paradójicamente, desde ese lugar nos volvemos deseables, magnéticos y atractivos; porque por la ley de la vibración, si sufres (cuando estás vibrando denso) al estar sola, vas a manifestar más de lo que te hace sufrir, y si disfrutas (vibrando alto) cuando estás sola, atraerás todo lo que tu corazón desee.

Me parece que esto ya quedó clarísimo, ahora voy a ayudarte en la transición de soledad a solitud.

Ansiedad (gran maestra de vida)

Lo que a mí más me costaba trabajo era entender la sensación corporal que tenía todo el tiempo: estaba nerviosa permanentemente, triste, temblorosa, débil, y cuando esto se exacerbaba entraba la taquicardia y el nudo en la garganta.

Todos mis amigos y familiares me recomendaban que me enfocara en otra cosa, que trabajara en mis proyectos, que buscara clientes de diseño, que me metiera al gimnasio, pero todo eso me sonaba complicadísimo por la sensación que tenía en el cuerpo. Ir al gimnasio sintiéndome débil y con un nudo en la garganta no parece muy adecuado. Cuando sientes que en cualquier momento te puedes desbordar, prefieres no comprometerte a nada.

Un día Gaby, una amiga, me invitó a una clase de yoga. Me dijo que me podía servir para anclarme al momento presente, que era una clase muy simple y no iba a requerir mucho esfuerzo físico. Así que fui. En el salón éramos como 20 personas, yo quedé en medio. El maestro empezó a pedirnos que respiráramos profundamente y a guiarnos con poses muy simples, casi todas de pie. Todo era lentísimo. Pasó a corregirme varias veces la altura de mis brazos o la posición de mi barbilla, mientras yo me ponía a llorar en silencio. Las lágrimas escurrían por mi cara y no podía ni limpiarme. Fue muy sorprendente para mí que el maestro no mostrara ningún tipo de curiosidad o asombro ante lo dramático de mi estado. Volvía a pasar y volvía a corregirme los hombros, la espalda, los pies… A pesar de que en el momento me desahogué no tuve chance de procesar lo que había ocurrido. Al terminar la clase me quedé hablando con mi amiga en la banqueta como por dos horas, explicándole cómo me sentía. Al final llegué a mi casa, y como me sentía igual que siempre, no volví al yoga. Tenía tanta ansiedad que me sentía al borde de quebrarme a todas horas y por cualquier razón o estímulo.

En particular cuando terminamos una relación larga no sólo perdemos la relación y al Ex, también perdemos una identidad de nosotros mismos armada de los planes que habíamos hecho para nuestra vida. Nos imaginamos de todo: trabajo, casa, mascota, hijos, dinámicas con la familia política, dinámicas sociales y hasta espirituales, y cuando la relación acaba pensamos que el gran duelo es por la pareja que ya no está, pero en realidad el duelo abarca la vida que visualizamos que no fue y no será. El vacío mental que sentimos ante nuestro futuro es muy incierto y si lo juntamos con nuestra falta de vocación, falta de dinero, baja autoestima, complejos corporales, se nos hace una bomba densa que no nos deja "echarle ganas y salir adelante". Al echarle ganas nos sentimos como que damos patadas de ahogado y todo nos sale mal, ya que todo lo hacemos desde un estado de alarma y por supervivencia.

Despersonalización

Si te has sentido así de triste, tan cargada de emociones densas que vives con ansiedad constante, o incluso quizá en este momento te sientes así, créeme que entiendo tu dilema, entiendo lo complicado que es pasar esa niebla. Toma mi mano y no te sueltes, este momento es clave.

La despersonalización es un síntoma muy desagradable que sucede cuando la ansiedad nos supera. El hecho de que no nos sentimos cómodos con nosotros mismos se exacerba haciendo que no nos conozcamos internamente. Empezamos a dudar de todo respecto a nuestros gustos, sueños, carrera, talentos, *hobbies*; no sabemos quiénes somos y eventualmente ni ante el espejo nos reconocemos.

Respira profundo, esto no te va a pasar si te entregas a tu proceso.

Mi primer milagro

Yo estaba luchando con una ansiedad muy densa, pero afortunadamente no llegué a la despersonalización gracias a mi primer milagro. (Dios me ha bendecido mucho, pero considero que éste fue mi primer milagro contundente que apenas podía creer y marcó mi vida para siempre.)

Como ya te he contado, la ansiedad (un coctel de tristeza, desvalorización, culpa, miedo al futuro, etcétera) era muy fuerte y no me permitía pensar en otra cosa. Me sentía con el agua hasta el cuello a punto de ahogarme en mis propios pensamientos fatalistas. Mi alma desesperada no me dejaba estar tranquila y buscaba ayuda por todos lados. Incluso les hablaba a personas que habían sido muy importantes en mi vida para pedirles consejo, aun cuando hacía mucho que no me veían o ni siquiera conocían a mi Ex.

Busqué a Soraya, una gran líder que me abrió al mundo de las misiones a los 14 años de edad y que me trató siempre con mucho amor en mis años de adolescente. Me escuchó darle la actualización de mi vida trágica; le conté todo. Ella también estaba pasando por situaciones complicadas en su matrimonio y pude tener una plática muy empática y reconfortante por un par de horas. Ese día Soraya me recomendó un libro que cambió mi vida: *El poder de la alabanza* de Merlin Carothers.

Cuando lo encontré en formato digital me di cuenta de que era un libro viejo, con una portada poco inspiradora (mi diseñadora interna no tenía muchas expectativas). Lo compré de todas formas, pues en ese entonces leía todo lo que podía. Finalmente, en una de mis frecuentes noches de insomnio, comencé a leerlo y empecé a sentirme esperanzada por tantas historias difíciles transformadas.

Por supuesto, te recomiendo el libro, pero en breve te puedo comentar que en él Carothers propone que todo puede obrar para bien: sí, todo, aun lo triste, lo feo, lo trágico o lo desgarrador, si nos atrevemos a seguir las instrucciones de Dios. En la Biblia dice:

> **Den gracias a Dios en toda situación, porque ésta es su voluntad para ustedes en Cristo Jesús.**
> **1 Tesalonicenses 5:18**

Llevaba 16 años de ser cristiana cuando estaba pasando por esta ansiedad y no entendía por qué no podía sentirme mejor o por qué no lograba que mi fe me reconfortara. Me sentía una mala creyente porque no lograba conectar con esa "paz que sobrepasa todo entendimiento" y que supuestamente estaba a mi alcance.

El libro explica que, tal cual como dice la Biblia, debemos *agradecer por todo*, constantemente. Ésa fue la primera vez que yo entendí que la gratitud no era un cliché, sino un pilar de carga en nuestra vida, y que si no lo cuidamos "por todo, constantemente", se nos viene el techo encima.

Agradecer no equivale a ser buenas personas con buenos modales y muy educadas; agradecer es una llave secreta para transformar cualquier circunstancia.

Mi dark night of the soul

No te voy a decir que fue fácil; de hecho, me costó mucho trabajo aceptar lo que estaba leyendo a oscuras en la pantalla de mi iPad. Era muy confuso aceptar que tenía que agradecer todo lo que estaba pasando, aun cuando ante mis ojos todo era malo, complicado, sin remedio y triste. Sin embargo, mi corazón se estaba abriendo con el libro, me resonaba como verdad lo que leía. Así que a las 3 a. m., desesperada por encontrar aliento y la salida de este laberinto emocional, me paré de mi cama y, todavía en la oscuridad, empecé a decir:

Gracias porque estoy sola.

Gracias porque mi Ex ya no me quiere.

Gracias porque rompió todas las promesas que teníamos.

Gracias porque me siento fea, gorda y quedada.

Gracias por cada lágrima que he derramado en estos meses.

Gracias porque siento que me equivoqué de carrera.

Gracias porque me siento débil y agotada.

Gracias porque no puedo dormir.

Gracias porque no tengo dinero y mi negocio es una mentira.

Así me aventé como un hora agradeciendo todo lo que pasaba por mi mente mientras lloraba sin cesar. Cuando terminé estaba cansadísima, así que me metí entre mis cobijas y me quedé dormida en minutos.

A la mañana siguiente desperté y me sentía completamente diferente. A pesar de que todo en mi vida seguía igual, algo había cambiado: el ritmo de mi corazón, mi frecuencia cardiaca ya no me arrastraba a mi estado de alarma usual. Me sentía tranquila y en paz, ahora sí, esa paz que sobrepasa todo entendimiento. Porque en realidad tenía los mismos problemas, pero al fin me sentí capaz de enfrentarlos, de "echarle ganas" como tanto me habían aconsejado. A partir de esa noche, cada vez que sentía la ansiedad acechando, me acordaba de agradecer por todo, en todo momento.

Si lo vas a intentar, ríndete

Es importante resaltar que debes rendirte de forma auténtica cuando se trata de hacer este tipo de ejercicios. Algunas personas escuchan esta historia y se ponen a agradecer rápido como para pasar el bache y esperan ver los resultados de inmediato. Yo aquí te puedo decir que en serio sentí que estaba entregando el corazón con cada frase, reconociendo que no tenía más fuerzas para nadar a contracorriente, y me rendí ante Dios como nunca.

El poder de la gratitud

Yo creía que el poder de la gratitud era algo "figurado", algo bueno, algo de gente amable, algo de excelente educación, pero no algo "poderoso".

Lo cierto es que la gratitud tiene un poder vibracional inmenso y es la llave para moverte rápido en la escala de emociones. Eso quiere decir que cuando sientas emociones que no te gustan, la gratitud será la única manera de dar un **salto cuántico** en la escala que te lleve a sentirte radicalmente diferente. Si lo haces de corazón, claro.

(La otra forma de moverte en la escala de emociones es la que ya te compartí en capítulos anteriores: "sólo sintiendo" puedes liberar la emoción que ya está presente y transitar hacia una emoción menos densa, pero ésta ocurre de forma progresiva.)

¿Cómo funciona la gratitud entonces?

Es muy poderoso y muy simple. Incluso te aconsejo que memorices la siguiente frase:

> **Cuando agradeces lo malo, lo transformas; y cuando agradeces lo bueno, lo agrandas.**

En la Biblia hay un versículo que dice:

> **Sabemos que Dios obra en toda situación para el bien de los que lo aman, los que han sido llamados por Dios de acuerdo con su propósito.**
>
> **Romanos 8:28**

Entonces, bajo esa lógica, agradecer cuando todo está mal será como asumir que nuestras experiencias, de alguna manera, obrarán para bien; por más dolorosas que sean en el momento presente. Atrevernos a agradecer antes de que las cosas se resuelvan activa la ley de la asunción: estamos *asumiendo* por anticipado que este dolor algún bien poderoso traerá a nuestra vida. Eso, señoras y señores, es fe, que por definición significa "la **certeza** de lo que se espera, la convicción de lo que no se ve".

Una persona que me sigue en redes sociales y me escuchó hablar del poder de la gratitud me escribió —muy molesta— lo siguiente: "Yo no voy a agradecer que me hayan sido infiel, simplemente me rehúso, no me parece normal". Le contesté que estaba bien, sólo ella puede decidir qué hacer en su proceso para superar la humillación, la traición o el remplazo que vivió. Le comenté que ella es un ser autónomo y sólo ella puede decidir lo que pasa dentro de sí misma; pero tenemos que reconocer que con la misma autonomía con que decidimos cómo procesar nuestras heridas debemos hacernos responsables de los resultados de nuestros métodos. Es decir, no es congruente por un lado decir: "Decido aferrarme a la rabia que siento porque eso me parece normal y justo ante la injusticia que he vivido", y al mismo tiempo: "No sé por qué no logro superar lo que me pasó, por qué no sano, por qué yo no manifiesto la vida que quiero".

Por desgracia, esta chica no entendió mi punto. Yo no propongo que le hables a tu Ex o a cualquier persona que te haya lastimado y le des las "gracias"; tampoco que pretendas que te gustó mucho el sufrimiento que te causó la transgresión y des gracias como si nada hubiese pasado. Lo que propongo es que agradezcas en medio del dolor la situación por la que atraviesas, como símbolo de que te rindes ante la pelea que tienes con la realidad de tu presente, y entonces podrás trascenderla más rápido.

Yo no quería agradecer que me "dejaron de querer", pero era verdad, y diario peleaba con esa realidad —y muchas otras—. Lo que quería era ya salir de ese drama que me enredaba en pensamientos tóxicos: se me estaban yendo semanas y meses como agua entre los dedos y no sabía cómo salir de ese victimismo.

Cuando agradecí, no pretendí que me gustaba la situación, tampoco que estaba de acuerdo; más bien me abrí a aceptar, y lo más importante, a creer que todo esto estaba sucediendo en mi beneficio, aunque yo no pudiera imaginarme cómo.

Fue catártico, crucifiqué a mi ego en ese momento, y me atreví a creerle a Dios que podía transformar mi situación. Esa noche de desahogo y rendición fue el inicio de una nueva práctica de gratitud radical. Yo no creo que agradecer sea una muestra de buenos modales; la gratitud ahora es una herramienta que me saca como una catapulta del estado de víctima y me posiciona como la creadora de mi realidad, una y otra vez.

Porque cuando crees todo cambia.

Porque cuando actúas en fe se abre el camino.

Porque cuando agradeces retomas las riendas de tu vida.

Niño interior

En el proceso a reconciliarnos también tenemos que integrarnos, y eso se logra con el rescate de nuestro niño o niña interior. Éste es un proceso hermoso en el que cobramos conciencia de nuestra historia y emprendemos de nuevo acuerdos de convivencia para el futuro.

La separación

Todos nos separamos de nuestra infancia alrededor de los siete años; dejamos atrás fragmentos de nuestra inocencia, ternura, sensibilidad y merecimiento. A todos nos sucede. Piénsalo: todos nacemos con un merecimiento pleno, sin complejos, sin miedos y sin creencias limitantes; sin embargo, la experiencia de la vida —sin juzgar nuestra infancia como buena o mala— nos reta a comenzar a sentir diferentes emociones a través de la interacción con nuestro entorno.
Para entenderlo mejor, debemos tener claras dos premisas:

1. Todos nacemos queriendo amar y ser amados, eso es natural; así que desde que somos chiquitos y comenzamos a interactuar con nuestro entorno buscamos la aprobación, validación y aceptación de los que nos rodean.

2. Al sentir emociones de amor y validación, comenzamos a experimentar nuestras primeras risas, descubrimos lo que es la calidez y empezamos a interpretar el amor. Sin embargo, nadie nos prepara para sentir emociones densas y nos enfrentamos por primera vez al miedo, al dolor, al rechazo, al abandono, etcétera.

Bajo estas dos premisas podemos entender cómo es que empezamos a generar códigos de significado, desarrollamos mecanismos de defensa y creamos máscaras que nos ayudan a "ser" quien creemos que debemos ser para lograr minimizar las emociones densas y ser amados. No obstante, nos empezamos a alejar de nuestra esencia natural, y es ahí donde nos separamos de nuestro niño interior para avanzar a una personalidad reactiva ante los estímulos del exterior.

La interpretación de todas las cosas

En la infancia aprendemos a interpretar todas las cosas que nos rodean, somos como esponjas que absorben significados, y así creamos nuestro paradigma de creencias inicial para enfrentarnos al mundo. Percibimos en varios niveles: lo que nos dicen que está bien y que está mal, lo que escuchamos que se dice, aunque no nos lo digan a nosotros, lo que sentimos en diferentes circunstancias, lo que vemos que funciona y lo que no funciona, por lo que nos aplauden y por lo que nos regañan o ignoran… Y poco a poco vamos creando códigos según las interpretaciones formadas.

Factores que interfieren con las interpretaciones

Por supuesto, el núcleo familiar es básico, pero también influyen muchísimo la religión, la cultura, la escuela, la situación socioeconómica, política y más. Todo impacta en la interpretación que les damos a conceptos fundamentales de la vida: profesión, amor, dinero, sexualidad, familia, pecado, matrimonio, castigo, bondad, culpa, virtud...

Por darte un ejemplo muy básico, hay personas que, a pesar de que tienen un matrimonio muy sufrido, con múltiples infidelidades, donde no hay amor, no se separan porque tienen creencias muy fuertes de que el matrimonio debe ser para siempre, que el divorcio es muy malo, que Dios las va a castigar si se divorcian y que las infidelidades "no son para tanto" porque en todos lados pasa, entonces es "normal". Para ellas, mantener a la familia unida es primordial, y la felicidad o el amor en la pareja son relativos.

Cuando lo leemos así, tan crudo, saltan distintas interpretaciones de este escenario:

- De quienes se identifican y saben perfecto que esto pasa.
- De quienes se asustan y no entienden cómo puede seguir pasando.
- De quienes no empatizan para nada y les parece una locura que alguien se quede en un matrimonio así.

Pero aquí el punto no es juzgar una u otra situación, sino entender por qué, si todos somos tan inteligentes y tenemos excelentes mentes racionales, podemos soportar situaciones que nos hacen infelices. Porque las interpretaciones que hacemos en la infancia se graban en nuestro paradigma de creencias y dan forma a nuestro subconsciente, por lo que cuando nos separamos de nuestro niño interior, éste se queda como un precondicionamiento base.

Los tres espacios de la mente

Vale la pena aclarar los diferentes términos que usamos para referirnos a nuestra mente. Básicamente son tres (aunque siempre hay variaciones según la corriente de pensamiento científico):

- **La mente consciente** alberga la inteligencia racional y los conocimientos; es la parte de la mente que se ocupa de la razón y de la lógica en nuestras decisiones.
- **La mente subconsciente** contiene los recuerdos, creencias, emociones, experiencias traumáticas o vivencias que están guardadas y alejadas de la mente consciente.
- **La mente inconsciente** controla los procesos fisiológicos y los reflejos.

Cuando nos enfrentamos a circunstancias complicadas en la vida nos damos cuenta de cómo nos cuesta trabajo actuar conforme a nuestra mente consciente, porque la mente subconsciente es más poderosa y funciona automáticamente alertando todos nuestros sentidos.

El trauma en la infancia

Si hubo algún trauma drástico en la infancia, éste pudo haber sido el momento principal de la separación y a partir del cual se generaron los mecanismos protectores más urgentes para situaciones de extrema confusión emocional. Por ejemplo, el abandono del padre o la madre, la pobreza extrema, el abuso físico, el abuso sexual o el maltrato son experiencias muy traumáticas que afectan fundamentalmente nuestro sentido de autovalía.

Sin embargo, otras circunstancias como el divorcio de los padres, el *bullying* en la escuela, una mudanza repentina, la muerte del padre o de la madre, el cambio de escuela, alguna enfermedad, accidentes… son otras experiencias traumáticas imprevisibles y que también nos confrontan con confusión u otras emociones densas difíciles de manejar, sobre todo si no hubo una explicación o un lugar seguro para que hiciéramos preguntas y entendiéramos lo que estaba pasando.

Muchos eventos que, cuando somos niños, nos generan ansiedad, miedo o angustia generalmente ocurren sin ninguna explicación; y como en la infancia muchas veces tampoco sabemos hacer preguntas oportunamente, quizá nadie supo que hacía falta esa explicación acorde a nuestra edad que nos ayudara a entender.

Te voy a dar un ejemplo de mi infancia. Yo soy la más chica de una familia de cinco hijos. Mi hermano más grande en realidad es mi medio hermano, hijo de mi papá de su primer matrimonio, y creció en Guadalajara. Cuando iba a entrar a la universidad se mudó con mi familia a la Ciudad de México. Yo era muy chiquita, tendría como unos seis o siete años, y la única explicación que me dieron un día, de la nada, fue "Va a venir a vivir Jody con nosotros". Jody era su apodo de cariño, pero yo no sabía si era de mujer o de hombre. Estoy segura de haber preguntado si era mujer, y me dijeron que sí. (Ahora nadie lo recuerda y se les hace absurdo que me hubieran dicho que era mujer; sin embargo, yo lo recuerdo así perfectamente.) Unos días después llegó un hombre de 18 o 19 años a vivir con nosotros, y a mí me daba mucho "miedo", no me sentía "bien".

Él era muy lindo, quería conocerme y recuerdo que hacía muchos intentos por acercarse a mí. Yo me sentía muy presionada, con mucha ansiedad y no quería verlo o estar con él. Todos en la casa estaban contentos con su llegada, pero yo no sabía quién era, no entendía el concepto de "medio hermano", no sabía cuánto tiempo iba a durar, y la energía del ambiente era muy diferente. Hoy entiendo que para todos fue un cambio fuerte, pero ahora mis hermanos mayores tenían un nuevo integrante en la familia con quien convivir. Jody era el más grande de todos, mi papá le dio un coche de inmediato para que fuera a la universidad. Todos trataban de hacerlo sentir en su casa, pero él también seguramente se encontraba en un torbellino de emociones. El punto es que yo no entendía nada y tampoco sabía qué preguntas hacer para entender; sólo fue un cambio muy raro.

Recuerdo claramente un día que él quería darme un regalo (creo que era un peluche) y a fuerza quería estar enfrente de mí para dármelo, así que me fui a esconder al cuarto de mi hermano Marco y me paré viendo hacia la pared en la esquina con los ojos cerrados. Mi hermana Bárbara fue ahí para convencerme y ayudar a Jody. Entonces ella (de unos 15 o 16 años, también una adolescente) me dijo: "Ya se fue", y yo me di la vuelta y ahí estaba Jody. Recuerdo que sentí mucho miedo, fue como una gran traición y me asusté bastante, tanto que lo recuerdo perfectamente después de 30 años.

No le guardo resentimiento a nadie; sé que todos estaban tratando de hacer lo mejor que podían en esas circunstancias poco usuales. Días o semanas después desarrollé mi propia relación con mi hermano y todo fluyó para bien.

Esta historia te la cuento porque en la vida, especialmente en la niñez, suceden cosas que nos mueven el piso, que nos generan emociones nuevas y que nos cuesta trabajo interpretar. Nos retan a ser más grandes, más adultos, más fuertes, de "piel más gruesa", pero en el ínter nos separamos de la parte más tierna y vulnerable de nuestra alma. Nadie tiene la culpa, y nadie puede evitarlo; a todos nos pasa por una u otra razón.

Y si tienes hijos, créeme, tampoco puedes evitar que lo vivan. Solamente puedes hacerte consciente de que sienten y procesan diferente que tú, por ende, un poco más de paciencia y ternura sería muy reconfortante para que procesen los cambios drásticos que se susciten en el camino.

Nota especial: Bajo toda esta información puedes entender por qué cuando tenemos hijos es aún más importante que sanes tu corazón. Tu energía, el proceso de divorcio, la separación de bienes, las mudanzas, el ambiente de la casa, el cambio de convivencia, el abandono del padre o la madre, etcétera, están sucediendo en la vida de tus hijos y es tu responsabilidad regresar a la armonía. Muchas personas me dicen: "Para mí es más difícil sanar porque tengo hijos", y mi respuesta es: "No, no es más difícil, es igual de difícil", pero tienes más motivación, así que debería ser más fuerte tu decisión, ya que tus emociones no sólo te impactan a ti, sino a todo aquel que vive bajo tu energía y que percibe directamente tu tristeza.

Las primeras veces que sentimos emociones densas generan un gran impacto en nuestro sistema nervioso que nos da el primer referente de lo que se siente "mal". Con ello desarrollamos todo tipo de protectores para no sentir.

Uno de los momentos más cruciales de la infancia es cuando sentiste vergüenza por primera vez, ya que en ese momento se generó una herida fundamental de "no ser suficiente" o de "hay algo malo en mí". A partir de ese momento la emoción es tan desagradable, triste o dolorosa que comenzamos a crear máscaras para no evidenciar nuestra vergüenza, tratamos de compensar nuestras carencias y ocultar nuestra vulnerabilidad.

Sentimos vergüenza porque es el primer momento en el que cuestionamos nuestro merecimiento, donde lo que dice Dios de nosotros es confrontado por el dolor de la realidad que sentimos. Creemos que para no sentirlo debemos ser diferentes: más inteligentes, más extrovertidos, más callados, más simpáticos, más deportistas, más intelectuales, más algo o menos algo…

Quizá conoces la historia de Adán y Eva en el Edén. Estaban felices y cómodos viviendo en el paraíso compartiendo con el espíritu de Dios; comieron un fruto del único árbol que no debían. Dice la Biblia que "se dieron cuenta de que estaban desnudos", sintieron vergüenza y se ocultaron. Todo cambió a partir de que sintieron vergüenza. La vergüenza les hizo no creerle a Dios que eran perfectos tal cual eran y que estaban hechos a imagen y semejanza de Él, así que empezó la lucha por ser diferentes, por lograr, por probar, por justificar…

Eso es lo mismo que nos sucede a nosotros en la infancia; cuando sentimos vergüenza, el impulso es cubrir, tapar, enmascarar y evadir todo lo que nos hace sentir vergüenza de nuevo.

Recuerdo bien que cuando era muy chiquita estaba en el kínder jugando con una amiga, dibujábamos en el piso con unos gises, y la falda de la escuela dejaba ver que yo tenía los muslos un poco más anchos o gorditos que los de mi amiga. Ella me preguntó: "¿Por qué se te hace así la pierna?" (Se refería a un doblecito que se hace en el muslo al sentarte con las piernas cruzadas.) Yo le contesté: "A todos se les hace así", y ella, muy decidida, me dijo: "Claro que no, mira, a mí no se me hace así, ni a ella, ni a ella, ni a ella". Ese día sentí vergüenza y nunca olvidé que mis muslos eran diferentes, lo cual tuvo un efecto de bola de nieve en muchas áreas de mi vida, a partir de ese momento y para siempre.

Quizá piensas que es una exageración, pero no lo es. Momentos muy simples como éste pueden generarnos emociones pesadas debido al significado que les dimos. Si esto fuera racional no existirían los trastornos de conducta alimentaria, la baja autoestima, la dismorfia corporal, la rebeldía sin motivos aparentes, la timidez… en fin, un montón de cosas que surgen debido a ciertas experiencias que nos van robando poco a poco la capacidad de autoaceptación necesaria para vivir una vida auténtica llena de sueños.

Vamos por la vida cargando complejos, inseguridades, etiquetas impuestas, y llega el punto en que no sabemos qué hay detrás de tanta máscara que creemos necesitar diferentes escenarios. Siempre estamos jugando el rol de un personaje que creemos que debemos ser para recibir amor, aceptación y validación.

EJERCICIO PRÁCTICO

Tu vergüenza generó complejos e inseguridades, así que quiero que tomes tu cuaderno y hagas una lista de todo lo que te acompleja, lo que no te gusta de ti, lo primero que cambiarías si tuvieras una varita mágica.

Para reconciliarte contigo es crucial que aprendas a amar tus imperfecciones, así que primero vamos a ponerlas en el papel. Ayúdate contestando estas preguntas:

- ¿Qué te da vergüenza de tu personalidad?
- ¿Qué te da vergüenza de tu cuerpo?
- ¿Qué te da vergüenza de tu casa?
- ¿Qué te da vergüenza de tus logros profesionales?
- ¿Qué te da vergüenza de tu realidad actual?
- ¿Qué te da vergüenza de tu familia?

La vergüenza nos hace sentir incómodos dentro de nuestra propia piel, y para reconciliarte contigo debes transformar esas creencias limitantes y generar en ti una nueva y auténtica aceptación de donde nazca el amor propio.

EJERCICIO PRÁCTICO

Ahora quiero que revises tu lista y desarrolles otra más donde contestes las siguientes preguntas:

- ¿Qué me está costando tener estas inseguridades y complejos?
- ¿Qué estoy dejando de hacer por mis inseguridades y complejos?
- ¿Qué no me doy permiso de experimentar por mis inseguridades y complejos?
- ¿Qué haría diferente en mi vida si no tuviera estas inseguridades y complejos?

Algo bien importante que quiero que notes es que no te estoy llevando a que te revuelques sin motivo ni razón en los dolores de tu vida. Lo que estamos haciendo es iniciar un viaje controlado y seguro dentro de ti, donde podrás traer luz a la sombra de tu subconsciente y entender *qué pasó*, cuál es la fuente de estas creencias, para poder cambiar los significados y recuperar las cualidades hermosas con las que naciste y a tu niña interior.

Reconecta con tu niña interior

La misión de la reconectar con tu niña interior es doble. Primero, que te rescates, que actives tu amor por quien siempre has sido detrás de tus mecanismos de defensa y máscaras aprendidas; que descubras tu ternura, creatividad e ingenuidad para recuperar tu merecimiento; que superes las vergüenzas o traumas experimentados, y que te integres al reconciliarte y crear nuevas líneas de comunicación interior. Y la segunda es que abras una ventana a tu subconsciente para ver dónde están los miedos, creencias limitantes y las historias que te contaron que hoy generan los sabotajes, los comportamientos erráticos, la procrastinación, la falta de constancia, las carencias, etcétera.

Así es, tu niña interior es tu subconsciente. Y se vuelve evidente cómo, a pesar de ser adultos, tomamos decisiones y tenemos comportamientos basados en la perspectiva de un niño asustado (pero con las capacidades de un adulto). Ahora entendemos por qué rogamos, por qué hacemos pataletas, por qué sentimos tanto miedo al abandono, por qué creemos que solos no podemos, por qué hacemos chantaje sentimental y por qué tenemos cualquier comportamiento que a nuestro "sano juicio" no deberíamos tener.

¿Vamos al rescate?

Una de las experiencias más bonitas que he tenido en mi camino a reconciliarme conmigo misma fue la primera vez que busqué en mi interior a Esther chiquita. Recuerdo que me metí a un curso intensivo de seis meses para hacer las paces con mi cuerpo y la comida. Mi meta era amarme más ahora que había llegado un hombre increíble a mi vida (quien ahora es mi esposo), y quería simplemente seguir purgando limitantes, precondicionamientos, miedos, complejos corporales, la necesidad de andar de dieta en dieta, etcétera. Me topé con un ejercicio de escritura: el objetivo era escribirle una carta a mi niña interior para explicarle todo lo que nunca entendió.

Estaba en el gimnasio, había una terraza en los vestidores donde se podía salir en bata a tomar café o té, así que ahí me acomodé con mi papel y pluma. Me costó horas, inicié a las 11 a. m. y me fui a mi casa a las 7 p. m. Me di un par de descansos para bajar a hacer mi rutina de ejercicio y para bañarme. Reflexioné mucho y me vi con otros ojos. Todo lo que alguna vez pensé que era falta de disciplina, falta de constancia, "hueva", desidia y demás era sólo mi niña interior revelándose al ejercicio "por mi bien" o a los hábitos "que le convenían" a la adulta. Me di cuenta de que todos mis esfuerzos hasta ese momento habían sido para eliminar el riesgo de sentir vergüenza (no por mi amor al famoso *wellness*), y mi niña interior tenía una mejor herramienta para eliminar ese riesgo; la había aprendido a temprana edad y llevaba años implementándola: la **evasión**.

Me di cuenta de que no soy floja, no soy torpe, no soy pésima para los cambios de hábitos; más bien soy muy hábil para salirme con la mía, según los códigos de significado creados en mi infancia, y bastante astuta para protegerme de situaciones de vulnerabilidad donde pudiese ser juzgada, *buleada*, señalada o puesta en ridículo.

Mi mente racional pensaba: "Hacer ejercicio para estar fuerte y sana es un 'no negociable' en la vida", y mi niña interior me llevaba la contra cada mañana. En este momento noté que intuitivamente había escogido un gimnasio donde mi niña interior se sentía más tranquila: "Estoy en un gimnasio de señoras ricas, literal, en los vestidores hay terraza para tomar el té en bata… No tienes con quién compararte, nadie aquí te va a criticar, tú eres la más fuerte y la más joven a la redonda".

Me fui como hilo de media, había empezado por la alimentación y los hábitos saludables, pero muy rápido comencé a explicarle a mi niña interior un sinfín de cosas que inmediatamente recordé como confusas y dolorosas. Mi carta fue larga, transparente, tierna y llena de ilusión por un reencuentro.

EJERCICIO PRÁCTICO

Vas a escribirle una carta a tu niña interior. Antes de comenzar tienes que saber que no hay forma de que la hagas mal si la haces con el corazón abierto. Así que genera un espacio seguro, con mucho papel y pluma, donde estés cómoda y puedas llorar si es necesario.

Si no sabes cómo empezar, inicia con una lista de eventos dolorosos y confusos, lo que sea que recuerdes en el orden que lo recuerdes, y después escribe tu carta explicando por qué pasó, qué había detrás de esos eventos. Nuestra mente consciente sabe, pero lo fue entendiendo con el transcurso de los años. Es sumamente importante para tu integración que se lo expliques a tu versión infantil, que lo vivió y en su momento lo interpretó como pudo.

Firma la carta, ponle fecha, agrégale una posdata, activa tu creatividad y expresa todo lo que tu corazón te pida.

La idea de estas cartas es que nos demos el espacio para explicar con nuestra mente consciente y entender con nuestra mente subconsciente para empezar a dar contexto a nuestros patrones de comportamiento. Con esto traeremos paz, amor, contención y empatía, rescatando nuestras partes más nobles, para que desde ese lugar de confianza hagamos cambios en lo más profundo de nosotros, nos liberemos, sanemos y nos reprogramemos a nosotros mismos.

EJERCICIO PRÁCTICO

Después de escribir la carta cámbiate de lugar, siéntate en otro lado, salte al jardín, toma una caminata, acuéstate en tu cama con tu carta antes de dormir y léela. La idea es que cambies tu perspectiva y veas esta carta con otros ojos, activando tus emociones y conectando con tu niña interior. Recibe las palabras como bálsamo sanador y cuando estés lista contesta la carta con otra, ahora de tu niña interior hacia la adulta en quien te has convertido.

¿Qué pasa si no me acuerdo de nada de mi infancia?

A menos que te haya ocurrido un accidente y hayas tenido una pérdida real de memoria, la razón por la que no te acuerdas es porque mandaste etapas enteras de tu infancia a las sombras de tu subconsciente. Las vas a ir recuperando y recordando con una fórmula mágica: paciencia + confianza. Reconoce que has olvidado para no sentir emociones confusas y que empezarás a recordar al generar espacios seguros donde no te presiones, donde seas paciente, constante y, sobre todo, cuando que te abras a trabajar para que tu niña interior empiece a confiar en ti y suelte recuerdos sin que entres en pánico.

Empieza con preguntas simples. Quizá no vas a iniciar con el abandono que sentiste ni te vas a forzar a recordar la última vez que viste a alguien… Pregúntate mejor ¿cuál era tu caricatura favorita?, ¿recuerdas a tu maestra del kínder?, ¿quién fue tu primer amigo?, ¿a qué te gustaba jugar?, ¿cómo era tu habitación?, ¿tenías mascota?… Y poco a poco verás que comienzas a acceder a más información.

La clave es que no te desesperes. No pienses que esto se hace en una sentada; se hace poco a poco, reconociendo que es un trabajo constante y para siempre, que tiene innumerables beneficios para tu vida. Mientras más te enamoras de ti menos pesado es.

Haz acuerdos de convivencia nuevos

Conforme avanzas en la correspondencia constante en tu libreta, irás notando que se empiezan a formar nuevas promesas y nuevos acuerdos de comportamientos para activarlos en el futuro cuando se trate de ser valiente, perseguir sueños y cumplir metas.

El objetivo es que tú, con todo lo que sabes hoy y tienes a tu alcance en la vida adulta, puedas comenzar a darte lo necesario para que tu interior se sienta seguro y a salvo. Así, en vez de obligarte a hacer lo que quieres y terminar fracasando o abandonado tus proyectos, empezarás a fluir en armonía interior, bajando el volumen de la voz crítica y subiendo el del apoyo incondicional, y desarrollarás una relación basada en la lealtad.

Mantén la correspondencia o comunicación constante

Cuando haces trabajo de niño interior te integras de tu piel hacia dentro de manera poderosa, y casi sin darte cuenta elevas tu amor propio (que, acuérdate, es la clave para resolver tus problemas). Sólo tú decides cuánto tiempo te parece suficiente, qué tanto lo disfrutas y cómo te comprometes a no volver a abandonarte.

EJERCICIO PRÁCTICO

Consigue una foto de tu infancia; abraza esa foto y llévala contigo; ponla en tu cartera, ponla en el fondo de pantalla de tu celular o colócala en tu cuaderno.

Enamórate de las imperfecciones de tu ser

Pelearnos con nuestras fallas nunca nos va a dar los resultados que tanto anhelamos. Es hora de cambiar la perspectiva con la que miramos el pasado para liberarnos de la identidad de víctima y simplemente abrazar las grietas del alma.

Wabi-sabi es un término japonés que describe un tipo de visión estética basada en "la belleza de la imperfección". *Wabi* en un objeto indica simplicidad rústica, frescura, quietud o elegancia sutil y discreta; es aplicable a objetos naturales y hechos por el ser humano. También se refiere a las anomalías o accidentes que surgen durante el proceso de construcción y dan un aspecto único e irrepetible. *Sabi* es la belleza que aparece con la edad, la vida del objeto y su desgaste natural.

Deja que en tu proceso la filosofía wabi-sabi te guíe a un nuevo estilo de vida donde puedas encontrar tu verdadera belleza, que definitivamente no está en lo perfecto. Permítete ver las grietas, la corrosión, la decoloración o las formas desiguales que han sido interpretadas como errores o fealdad. Ahora las verás como la huella que la vida ha dejado en su camino y que proporciona alma y un carácter único.

En la cerámica wabi-sabi se admiran jarrones y vasijas que se han roto múltiples veces y que han sido reparadas con oro para unir sus piezas, lo cual las hace cada vez más valiosas e interesantes. Se resalta el lugar donde hubo un trauma, se dirigen los reflectores al lugar donde quedó un hueco y se aprecian los rasgos que dejó el accidente.

Esto es lo que hacemos cuando miramos al interior y rescatamos a nuestro niño interior, llenamos de oro donde hay vergüenza, exaltamos las debilidades y abrazamos los miedos para hacer una integración de nuestra piel hacia dentro y reconciliarnos con nuestra realidad actual. Ésta es la acumulación de experiencias que nos han traído al momento de despertar de conciencia, donde recuperamos nuestro merecimiento y cambiamos nuestra vida automática por una vida intencional.

Al inicio de mi carrera como *life coach*, y sobre todo cuando saqué mi pódcast *Reinvéntate*, me preguntaban: "¿Cómo no te da pena contar tantas cosas íntimas?", "¿No te estresa que tu Ex escuche lo que dices?", "¿Qué tal que las personas buscan el chisme por morbo?" La realidad es que todas mis heridas están repletas de ORO. Soy yo la que pone los reflectores, los micrófonos y las cámaras ante mis heridas porque ya no sangran ni están llenas de polvo; las he limpiado, las he sanado y las he honrado mucho; me han hecho única y me siento plena con mis cicatrices; las veo bonitas, las valoro un buen. Y desde ese lugar, claro que no me dan pena ni vergüenza. Ahora entiendes perfectamente la portada de este libro.

9

RECUPERA TU AUTONOMÍA

Cuando iniciamos una relación personal con nuestro interior y el viaje de regreso a nuestra esencia, empezamos a identificar todas las máscaras, protectores y etiquetas con las que hemos vivido y que nos han limitado o encasillado en un rol que ya no tiene sentido. Es momento de enfrentar el apego a nuestras falsas identidades.

Quizá me has escuchado hablar de que para encontrar una pareja alineada a los anhelos de tu corazón debes mostrarte vulnerable y ser tu versión más auténtica. Si bien es completamente cierto, puede ser muy ambiguo y no tenemos ni la menor idea de cómo hacerlo.

Mi interpretación de "alma gemela"

Esto lo reflexioné mientras grababa un episodio del podcast Reinvéntate. No lo leí en ningún lado; simplemente en mi esfuerzo por explicar lo anterior me cayó el veinte. Cuando te estás enamorando de alguien y ese alguien de ti, es necesario que ambos se muestren transparentes, completamente sinceros ante su verdad; es así cuando podemos ver a través de la piel, contemplar el alma del individuo y reconocernos como almas gemelas, almas en búsqueda del otro, y que cuando se encuentran se identifican inmediatamente. Bajo esta premisa entendemos por qué muchas veces nos enamoramos de máscaras, porque todo el mundo anda por la vida pretendiendo ser quien no es en realidad. El problema de tratar de "ser quien uno cree que debe ser" es que las máscaras no son sustentables y tarde o temprano se caen.

¿Alguna vez has escuchado a la gente en una relación decir "antes era muy romántico", "cuando inició la relación era muy divertido", "cuando empezamos a salir se arreglaba mucho", "apenas nos hicimos novios dejó de invitarme a salir", "antes le gustaba viajar y ya no", "desde que nos casamos se le quitó lo caballeroso"? Todo esto es muestra de que nos enamoramos de una máscara, y la persona con máscara no puede vivir con ella para siempre.

Ojo, el tema de las máscaras siempre es mutuo: notamos los rasgos que nuestra pareja deja de tener y no nos fijamos en que seguro nosotros tampoco hemos conservado nuestras máscaras. Es así como los problemas inician en el matrimonio, por ejemplo; nunca supieron realmente de quién se enamoraban y rápidamente las cosas empezaron a cambiar y de alguna manera —aunque no sea la intención— engañan y se sienten engañados.

Va a llegar otra persona, "vas a ver"

Seguramente te han dicho que no te desesperes y que dejes ir a tu Ex, que seguro llegará alguien mejor. Si bien es cierto que vendrán más personas, también podría tratarse de más y más fracasos, más y más desengaños. Debes hacerte responsable y tener presente que tú estás creando tu realidad activamente. Date cuenta de que mientras más te integres a ti misma aceptando tus partes: las que te gustan y las que no, más te ames y más sanes, las personas que atraigas a tu vida estarán en ese mismo nivel de conciencia y te será mas simple manifestar lo que tu corazón tanto ha esperado.

Máscaras y protectores

Con todo el trabajo de introspección que estás haciendo, continuamente encontrarás identidades que te pones y te quitas según crees conveniente. Pero date cuenta de que no las necesitas, que tu ser auténtico detrás de todas las pretensiones es mejor que cualquier ilusión. Al principio te va a costar mucho, vas a sentir que te arriesgas a que te lastimen, pero es parte de vivir una vida donde nos mostremos tal como somos.

Lo más bonito de todo esto es que las relaciones que empezamos a forjar, en el amor, amistades, familiares, clientes y demás, son increíblemente sinceras y sentirás una genuina reciprocidad consciente, crearás hermandades y serás parte de "tribus" donde te quieran y te respeten por ser tú y por brillar con luz propia.

Algunas máscaras comunes son "perfeccionista", "chistosa", "ayudante", "fuerte", "positiva", "ruda", "rebelde", "intelectual", "romántica", "feminista", "machista", "fiestera", "sensual"... Podemos tener una gran mezcla de características reales que conforman nuestra identidad, pero hay ocasiones en las que sólo nos colocamos máscaras para interactuar con el exterior y ser aceptados porque nos da miedo que nuestra autenticidad sea rechazada; vemos el exterior y actuamos como creemos que debemos ser.

- Todos podemos ser sensuales, es una energía a la que tenemos acceso, pero a veces pretendemos serlo para que nos hagan caso o nos den amor.
- Todos podemos ser perfeccionistas, pero a veces lo somos para que nos respeten en el trabajo.

- Todos podemos ser chistosos, pero a veces nos convertimos en el bufón de un grupo porque creemos que es el rol que nos toca para que nos acepten.
- Todos podemos ser positivos, pero cuando creemos que tenemos que hacerlo para tener a la familia tranquila es desgastante.
- Todos podemos ser románticos, pero a veces sólo es un mecanismo para conquistar.
- Todos somos fuertes, pero a veces queremos rendirnos, sentir y ser apapachados.

Entonces, quitarte una máscara no significa que no volverás a ser de "alguna manera"; más bien significa que honrarás tu verdad para presentarte auténticamente en tu día a día y así vivir desde tu verdadero ser y tu estado de ánimo real.

EJERCICIO PRÁCTICO

Identifica tus máscaras fácilmente con estas preguntas:

- ¿Quién tienes que ser para que tus papás te acepten?
- ¿Quién tienes que ser para que tus amigos te busquen?
- ¿Quién tienes que ser para que se enamoren de ti?
- ¿Quién tienes que ser para que te asciendan en el trabajo?
- ¿Quién tienes que ser para sentirte aceptado?

Ojo, como te mencioné, no significa que no seas un porcentaje de tus respuestas de manera natural; sólo significa que seguramente has intentado serlo más de la cuenta y condicionado tu merecimiento a esas cualidades o características; probablemente las has adoptado a pesar de no sentirlo natural de manera automática.

Ahora que identificas las máscaras que te pones, puedes reconocer que es cansado y desgastante ser siempre quien creemos que debemos ser, y que en lo más profundo de nosotros sabemos que no nos hemos mostrado tal cual somos. Otro problema al que nos enfrentamos es que no sabemos bien cómo somos: hace mucho tiempo que no nos exploramos, así que continúa tu viaje hacia recuperar tu autonomía y conocerte (ya iniciaste en el capítulo anterior).

Quítate las etiquetas

Las etiquetas no son máscaras, pero también nos cubren y nos dan una identidad forzada. Después de cargar con alguna etiqueta por algún tiempo nos la creemos o nos apegamos a ella. Por ejemplo, nos pueden etiquetar como "dramáticos" y generalmente llega el punto en que nos lo adjudicamos y cualquier expresión de emoción se vuelve un drama, aun cuando —hoy sabes— sentir y vivir las emociones no sólo es normal, sino necesario. El problema de las etiquetas es que son absolutas, no hay niveles: o eres o no eres, no hay medias tintas, y nos hacen censurarnos y reprobarnos por no ser diferentes. Otras etiquetas similares pueden ser "bipolar" (un término médico que mucha gente usa a la ligera), "enojona", "celosa", "peleonera", "controladora", etcétera.

También existen las etiquetas que nos encantan y, aunque sean positivas, igual nos terminan forzando a ser de una manera, y eso pesa mucho a la larga. Por ejemplo: "inteligente", y ya nos fregamos a tener que saberlo todo siempre; o "creativa", qué bonito es ser creativos, pero cuando nos apegamos a una etiqueta ya no tenemos forma de no serlo, nos da pena no actuar siempre conforme a ella. Otras etiquetas similares serían "exitosa", "bondadosa", "trabajadora", "la que siempre ayuda", etcétera. Puedes darte cuenta de cómo algunas etiquetas son positivas e increíbles, pero es ahí cuando, si tenemos un bache en el camino, pensamos que todos nos verán diferente y tememos perder nuestra identidad si perdemos la etiqueta en cuestión.

Yo por mucho tiempo tuve varias etiquetas que actuaban juntas. En mi familia se me puso la etiqueta de "floja" por mucho tiempo en mi pubertad: la que no mueve un dedo, la que se levanta tardísimo; en la escuela era la que no hacía deporte, la que corría "con manos de pollo"... En general se complementaban haciéndome creer que la destreza física no estaba a mi alcance, simplemente no era para mí (nunca aprendí a andar en bicicleta o patines, por ejemplo).

Curiosamente, cuando manifesté a mi esposo Brent, manifesté a un hombre que hace todo lo que me asusta o me intimida, un hombre que en nuestra primera cita solos me llevó a escalar un muro en medio de un parque en Chicago. Llegamos y rápidamente nos pusieron arnés y equipo de protección, nos enseñaron las medidas de seguridad y a hacer nudos especiales con las cuerdas. Hasta ahí todo iba muy bien. Cuando fue mi turno para subir el muro luego luego me di cuenta de que era mucho más difícil de lo que me había imaginado. Inmediatamente todas mis etiquetas se alebrestaron diciéndome: "¿Tú quién te crees que eres?, eres floja, eres torpe, nunca has hecho algo parecido, se va a dar cuenta y te va a dejar ahí colgada por pena ajena". ¡Ugh, ya te imaginarás! Llegó la vergüenza y yo estaba colgada tratando de subir un muro altísimo. Me empecé a sentir como una gran farsa, una impostora, y, como ya sabes, esto me bajó la vibración radicalmente. De sentirme enamorada y feliz pasé a sentirme menos y ridícula. Me temblaban las piernas, ya no tenía fuerza en los brazos y quería bajar, mientras que Brent me gritaba: "Are you a Mexican or a Mex-I-can't?" Él trataba de alentarme, pero nada podía hacer que yo recuperara mi centro. Eventualmente bajé y recuerdo que me puse la máscara de "equis, a mí no me importa". Evadí su mirada pretendiendo estar ocupada con mis agujetas en lo que él se preparaba para su turno, y mientras Brent comenzaba a subir rápidamente por el muro disfrutando tranquilamente, las lágrimas corrían por mis cachetes esperando que nadie lo notara.

Puedes notar cómo las etiquetas nos limitan, no nos dejan intentar cosas nuevas ni salirnos de la caja donde nos han metido otros o nosotros mismos. Las máscaras nos permiten ocultar la vergüenza que sentimos; el problema mayor es que, si vivimos así y no nos atrevemos a sanar y soltar estos mecanismos de defensa, podemos estar perdiéndonos de muchas experiencias y sobre todo de la posibilidad de conectar con otros. Ese día para mí fue muy claro que podía sabotear esa relación que apenas iniciaba y protegerme con mis métodos arcaicos o podía darme la oportunidad de probar algo nuevo, valiente y vulnerable.

Dos años después, en mi cumpleaños 33, Brent y yo fuimos de viaje a Costa Rica. Teníamos todas las ganas de explorar y conocer un país lleno de flora y fauna espectaculares. Rentamos un coche y, justo el día de mi cumpleaños, íbamos manejando cerca de un lugar llamado Viento Fresco. Vimos un letrero que decía: "Cascadas abajo"; paramos el coche y nos dimos cuenta de que había una escalera bajando el monte que nos guiaba hacia seis cascadas naturales. Bajamos. Las escaleras estaban hechas de piedras de distintos tamaños y sólo había un cable para sostenerse y no desbarrancarse. Colgaban telarañas enormes y arañas del tamaño de la palma de mi mano por todos lados y los monos aulladores gritaban febrilmente. Brent y yo, decididos, llegamos a la cascada más baja. Éramos los únicos ahí y Brent me dijo: "Métete al agua, quiero tomarte fotos con el dron". Así que ahí voy, y mientras flotaba en el agua, me di cuenta de que estaba en una imagen de mi *vision board* o mapa de deseos, viviendo algo que alguna vez decidí que me gustaría experimentar, y estaba manifestándose en mi cumpleaños, con Brent. La pasamos increíble nadando en el agua fría; no podíamos ni hablar porque el ruido de la cascada era fuertísimo y el viento era intenso. Finalmente, cuando decidimos subir y empezamos a avanzar, por momentos Brent me llevó ventaja y me di cuenta de que se daba *breaks* para esperarme, distrayéndose con su teléfono o algo para no presionarme. Me dio pena ir muy lento, no tener la misma condición física que él, me sentí menos y creí que él necesitaba una mujer más atlética que le siguiera el paso más fácilmente... Pero esta vez dije: "Ni madres, yo ni soy floja, ni soy lenta, ni soy torpe; yo soy una chingona, soy increíble y lo estoy haciendo muy bien". Se volvió mi mantra para luchar contra la subida: "Lo estás haciendo muy bien". Las escaleras eran eternas y ya estaba oscureciendo, lo cual era de preocuparse porque ya no podíamos percibir las telarañas y los escalones eran resbaladizos. Ya no tenía fuerza y mis piernas temblaban; me sentía débil, sudando, con una sed de locura; pero cada paso me susurraba a mí misma —aunque de manera audible—: "Lo estás haciendo muy bien, lo estás haciendo muy bien". Y así llegué a la cima, feliz, plena. Y como cereza del pastel, en un árbol junto al que estacionamos el coche vi a un tucán con sus bebés tucancitos.

Ese día me quité varias etiquetas del pasado y me atreví a no ponerme las máscaras protectoras que siempre usaba cuando me sentía vulnerable, y fue así que tuve una increíble experiencia que a la fecha es una de las aventuras que Brent y yo más atesoramos. Ese día para mí fue un parteaguas en reconocer que lo más importante para lograr cualquier cosa es cambiar el diálogo interno: nosotros podemos ser nuestro peor enemigo o mejor aliado cuando se trata de cambiar de piel.

Las etiquetas y las máscaras nos roban experiencias, nos roban la capacidad de mostrarnos tal cual somos y sabernos aceptados de forma genuina. Créeme, no te quieres perder esas experiencias que tu corazón realmente anhela. Porque para eso vinimos, ¿recuerdas? Para amar y ser amados, sólo que ahora vamos a intentarlo de manera auténtica dándonos todo el amor interior necesario para no dudar de nuestro merecimiento.

Deja de pedir permiso para ser tú

En el proceso de quitarte todo lo que no te sirve (esas etiquetas, máscaras, protectores, mecanismos de defensa y demás) te vas a encontrar con que la gente te ve cada vez más "cambiada" y te dicen frases como "pero tú nunca has sido así", "pero a ti eso jamás te había gustado", "jamás en tu vida habías mostrado interés por eso", "de cuándo acá tan espiritual", "tú en realidad no eres así". Vas a tener que ser muy hábil para que esto no te haga bajar el ritmo o sentirte mal. Muchas veces nos limitamos para no incomodar a los demás o sentimos vergüenza porque pensamos que parecemos un fraude y que no nos van a aceptar o creer que estamos siendo auténticos. Terminamos entonces entorpeciendo nuestra evolución y despertar de conciencia porque mantenemos falsas lealtades con familiares o amigos.

¿Qué es la lealtad?

El término *lealtad* expresa un sentimiento de respeto y fidelidad hacia una persona, compromiso, comunidad, organización, principios morales, entre otros.

¿Qué son las falsas lealtades?

Es pensar que no podemos cambiar porque vamos a defraudar a otros y nos quedaremos solos; creer que debemos mantenernos dentro de la caja donde alguien más nos puso porque si no los podemos hacer sentir tristes o abandonados.

Para mí la lealtad es un principio fundamental, y la atesoro como no te imaginas. Pero la lealtad está muy malinterpretada y nos hacemos muchas telarañas en la cabeza. Te doy unos ejemplos para que entiendas a qué me refiero:

- Cuando "me equivoqué de carrera" y me metí a estudiar traducción. Me daba mucha pena renunciar y decirle a mi papá. Sentía que lo iba a defraudar, que tenía que serle leal y continuar haciendo lo que había dicho que quería hacer (aunque ahora supiera que me había equivocado); que tenía que serle leal a la inversión económica que había hecho. Sin embargo, hoy sé que fui mucho más leal —a mí misma y a él— al ser honesta y comunicar mi verdad. No fue fácil ni tampoco fue cómodo, pero era absurdo que por ser leal a una idea estudiara la carrera incorrecta.
- Cuando quería manifestar amor romántico y me sentía lista para ello vivía con mi hermana —a quien amo con todo mi corazón—. Las dos estábamos solteras al mismo tiempo y las dos anhelábamos encontrar a la persona correcta. Hubo un tiempo en que pensé que lo ideal sería que ambas encontráramos el amor al mismo tiempo para que ninguna se sintiera sola o triste. Por nada del mundo quería ser yo una causa de dolor en su vida y pensaba que encontrar el amor antes que ella, de alguna manera, sería una traición. Porque nuestro dolor nos había unido mucho en conversaciones muy bonitas durante una etapa muy distinta a todas las anteriores.

Una parte de mí no quería que se acabara porque me sentía desleal.

- Cuando me inicié como *life coach* muchos de mis amigos no tenían ni idea de qué estaba haciendo. Me preocupaba alejarme de ellos, volverme diferente o cambiar mi sentido del humor o mi forma de divertirme; me preocupaba ser desleal a nuestras historias, nuestros chistes, nuestros hábitos y, en general, la relación que habíamos forjado y fortalecido por años. Para mí era muy aterrador que me vieran diferente y que por ende nuestra amistad se viera afectada.

Si te fijas, mis miedos estaban basados en una falsa lealtad codependiente donde me la pasaba aventándoles a los demás "la papa caliente" de mi felicidad, justificando mis sabotajes y ligándolos a mis mejores intenciones de ser una buena hija, hermana o amiga.

La realidad es que me liberé de ese peso entendiendo que mi lealtad debía basarse en quererlos, apoyarlos, estar disponible cuando me necesiten, no juzgarlos, ponerme en sus zapatos, tomarlos en cuenta, preguntarles cómo están, tener detalles con ellos…

Me di cuenta de que yo sola estaba proyectando mis miedos al pensar que no podía cambiar de opinión, de vocación, de religión, de hábitos, o encontrar al amor por lealtad a alguien más, lo cual era absurdo. Imagina que alguien que amas no hace lo que anhela con todo el corazón porque cree que te va a lastimar o molestar. ¿Qué le dirías? (Espero que tu respuesta sea la que me imagino.)

Las falsas lealtades son más formas de codependencia y miedos proyectados en tus relaciones con los demás. Evolucionar no es traicionar a nadie, es simplemente vivir tu vida honestamente. Antes de ser leal a los demás tienes que ser leal a ti misma.

La metáfora de la papa caliente

La "papa caliente" es un mecanismo para evadir tomar la responsabilidad de nuestra vida, y claro, también para deslindarnos del resultado que hemos acumulado gracias a las decisiones que tomamos en el pasado.

No es justo para nadie que le avientes la papa caliente: sólo tú eres responsable de tu felicidad, y sólo de ti depende que le des un giro inesperado a tu historia para dejar de repetir los mismos patrones que te han traído hasta aquí. Es muy importante que identifiques si en tus creencias limitantes estás involucrando a otros, por ejemplo:

- "No puedo sanar por mis hijos."
- "No puedo cambiar de carrera porque ya tengo muchos amigos en la universidad."
- "No puedo cambiar de religión porque mi familia me va a rechazar."
- "No puedo cambiar de opinión porque se van a sacar de onda."

No es justo para tu corazón —que anhela salir adelante— que tu mente le meta el pie quitándole la posibilidad de hacerlo porque a simple vista parece que te liberas de la responsabilidad cuando te proyectas en los demás, pero la realidad es que estás abandonando todo tu poder. Es absurdo pensar que tú creas tu propia realidad cuando tus limitantes están fuera de ti misma.

Y ¿qué crees? Tampoco es justo para los demás porque "el sacrificio" que hoy haces por tus hijos, tus padres, tus amigos o quien sea mañana se convierte en resentimiento y amargura. Cuando recuperas tu autonomía básicamente estás haciéndote responsable de todo lo que hoy *es* tal cual: todos los resultados, problemas, circunstancias, pérdidas, dolores y miedos que tengas. Suena fuerte, pero lo increíble de esto es que si eres responsable de tu realidad actual, puedes crear todos los cambios que quieras en tu futuro.

Ya sé que no es fácil

Si te resulta complicado hacerte responsable de todo porque has vivido injusticias en tu vida, créeme que te entiendo. Yo también me resistí al inicio, pensando: "¿Y todo lo que me han hecho? Las mentiras, las traiciones, los desengaños, el rechazo de mi Ex…" Pero después me cayó el veinte y dije: "Esther, ¿te quieres seguir aferrando al drama o te abres a la posibilidad de una nueva perspectiva donde no importe lo que los demás hagan o dejen de hacer? Tú toma el volante de tu vida, responsabilízate de lo vivido, de lo tolerado, de los límites que no pusiste y ¡simplemente cambia el futuro!" Y eso hice.

Tú decides lo que es posible

Cuando te haces responsable de tu felicidad recuperas activamente tu autonomía, el control de tu vida, el timón de tu barco (como lo he dicho en muchos episodios de *Reinvéntate*), y entonces puedes atreverte a activar otras posibilidades en tu vida.

Ley de la potencialidad pura: un recordatorio

Cabe recordar que esta ley da cuenta de todas las posibilidades en el universo y la creatividad infinita a disposición de todos los seres humanos. La potencialidad pura, como su nombre lo dice, se refiere a que hay una infinidad de escenarios en potencia (lo que es viable que pase); todo lo que pueda pensarse puede "ser" al activarse a través de la conciencia. Entre todas las posibilidades capaces de "ser" se activa aquella que elijas por medio de la intención, esa que te atrevas a querer por medio del deseo y te permitas creer por medio de tu fe y certeza.

Cuando nos preocupamos, por ejemplo, estamos activando las posibilidades que no nos gustan y no queremos; llevamos la potencialidad de que algo pase a la realidad con nuestra intención y certeza: sí, aun lo que no quieres, porque acuérdate de que las leyes universales no discriminan ni diferencian, no escogen de entre tus pensamientos, sólo funcionan en la medida de lo que tú decides aunque tu decisión no sea a propósito.

Atrévete a querer

Lo más espiritual que puedes hacer es atreverte a querer lo que tu corazón anhela. Podría parecer raro; se nos ha inculcado que "no querer" es más noble, más humilde. Pero piénsalo: querer te lleva a confiar, te lleva a retarte, a creer que es posible, a desafiar tu fe y tu merecimiento; querer te obliga a creerle a Dios y en el proceso te confronta con tus heridas, miedos y complejos. "No querer" te lleva a apagarte, a vivir una vida mirando a los demás desde la separación, el juicio y el resentimiento. Fuimos creados para querer experimentar, sentir y trascender.

Cuando empezamos a comprender desde esta nueva perspectiva nuestra vida nos podemos dar cuenta de que tenemos muchos sueños arrumbados, olvidados en la sombra de nuestro subconsciente, cosas que dimos por hecho que eran una locura, muy complicadas o incluso inalcanzables. Nos conformamos con una existencia mediocre porque creemos que es lo normal y lo que nos toca, malinterpretamos el reto de la vida y pensamos que se trata de desconectarnos del corazón y sus anhelos para estar en paz. Pero es todo lo contrario: el reto de la vida es ir tras tus sueños, ser tú misma, abrirte al amor que mereces y no conformarte con menos.

Si lo intentas, verás que en el ínter irás convirtiéndote en una persona que genuinamente te guste ser. Y no me refiero a tu apariencia, me refiero a realmente entender, aceptar y amar todo lo que pasa de tu piel hacia dentro.

Quizá ahora puedes ver claramente por qué las personas que están más insatisfechas con su vida en general están también insatisfechas en el amor: esperan que su pareja les llene todos los vacíos. Y por qué las personas que son felices con su vida individualmente son más exigentes en el amor; buscan un verdadero compañero de vida; no hay huecos que llenar.

Todo lo que te da pena no lo puedes tener

Querer se dice fácil. Parece que todos "queremos", pero querer no se trata nada más de extender la mano: querer implica "decidir qué y luego hacer que suceda" sin claudicar en el camino; querer también implica soltar la pena, la vergüenza, el miedo al juicio y los prejuicios. Muchas veces nos genera resistencia que los demás se enteren de nuestros deseos porque tememos poner a nuestro corazón en evidencia y que aquello no pase o nunca llegue y que los demás nos vean con lástima o extrañeza.

Muchas de mis clientes de *coaching* sueñan con un amor consciente, y van por la vida diciendo: "Si llega, qué bueno; pero si no, no pasa nada; yo estoy bien así". Si fuera verdad, perfecto. Pero la realidad es que sólo lo dicen para que los demás no sientan lástima; por vergüenza se ponen la máscara del "desinterés". Acuérdate de que creas tu vida desde lo que te permites querer y sentir como si ya lo tuvieras. Cuando piensas en lo que anhelas y sientes al mismo tiempo "pena" —o lo que sea de baja vibración— te estás alejando de crearlo. Muy diferente y vulnerable es decir: "Anhelo con todo el corazón a una persona alineada conmigo para compartir mi vida, sé que llegará en el momento correcto, mientras tanto puedo disfrutar mi presente".

"Despacito, suavecito, lo tienes"

Quiero cerrar con una historia; me parece que te dará un ejemplo simple de cómo todo lo que te he contado en este capítulo lo aplico en mi vida diariamente.

Te conté que me casé un hombre que hace todo lo que yo jamás había intentado, y una de sus múltiples pasiones es esquiar. Yo jamás tuve ni patines, me daba pánico hacer el ridículo y dar lástima. Pero sabía que mi niña interior tenía toda la ilusión de aprender, así que evidentemente me he dado la oportunidad de poner en práctica todo lo que digo que creo: la ley de la vibración, quitarme las máscaras y protectores, arrancarme etiquetas que regresan a mi mente, callar la voz del crítico interior y atreverme a ser transparente y vulnerable para querer este tipo de experiencias en mi vida. Brent es un excelente instructor, y esquiar ha sido muy padre, pero lo más padre de todo es que esquiando he tenido los momentos más fascinantes conmigo misma, lágrimas, miedo, vergüenza, felicidad, amor, emoción, celebraciones y más.

Un día que por fin ya me salían las vueltas en paralelo en líneas azules empecé a decirme: "Despacito, suavecito, lo tienes", una y otra vez, logrando ir cada vez más rápido, con más control, y un sentimiento de gratitud me invadió. Hoy sé que mis palabras son poderosas para mi mente: me elevan o me desarman; así que cada vez que me siento mal, frustrada, triste, sola o con miedo me lo repito: "Despacito, suavecito, lo tienes". Te invito a que lo hagas también.

EJERCICIO PRÁCTICO

Suelta los miedos y prejuicios, libérate de tu mente "realista" y atrévete a bajar al papel lo que quieres. Haz varias listas con lo que deseas en cada uno de los puntos siguientes:

- En el amor (fraterno y de pareja)
- En tu espiritualidad
- En tu vida profesional
- En tu salud física y emocional
- En tu economía
- (Agrega lo que haga falta)

10

HAZ ESPACIO PARA TU NUEVA IDENTIDAD

Me emociona mucho que sigas conmigo. A estas alturas, si continúas leyendo es porque has decidido atreverte finalmente a "querer": no que tu Ex regrese, tampoco que se te olvide el dolor; ahora se trata de querer regresar a ti misma para que a partir de ahí construyas la vida que te mereces.

He de decirte que es normal que te sientas como una olla exprés cuando te atreves a enumerar todo lo que quieres crear; todos los sueños llegan arrasando los recovecos de tu mente; tus días se llenan de planes personales; tus mañanas, de rutinas de amor propio; tu pensamiento, de ideas nuevas, y aunque se siente muy bien puede ser abrumador el contraste.

Cuando lancé mi pódcast *Reinvéntate* lo que estaba buscando era crear un espacio donde pudiera desbordarme, no estaba intentando ganar dinero, ni tampoco fue una estrategia de crecimiento de mi audiencia; lo creé primero que nada para mí. Me sentía llenísima de ideas y no sabía dónde ponerlas; estaba permanentemente reflexionando y entendiendo situaciones de mi pasado; no sabía a quién contarle —sobre todo alguien a quien no se le hiciera raro, y mi hermana Barbie estaba ocupada—, así que tomé mis audífonos y comencé a encapsular historias, aprendizajes y reflexiones. Ésa es la razón por la que los episodios donde hablo yo sola al inicio se escuchan con ruido ambiente, porque grababa mientras me salía a caminar al parque de mi casa. Los invitados que tenía en el pódcast los escogí basándome en el tipo de gente que quería conocer; buscaba platicar con alguien que estuviera en la misma frecuencia que yo, y la manera de lograrlo fue ofreciéndoles valor (no me imaginaba diciéndole a Daniel Habif: "Oye, Daniel, te admiro mucho y me gustaría platicar…"). Así fue como comencé a profesionalizar mi pódcast.

Puedes darte cuenta de que estas ideas surgieron en mí sólo gracias a que "me atreví a querer cumplir mis sueños". No sabía exactamente cómo se iba a dar, sólo me estaba enfocando en dar un paso tras otro, sin tratar de controlar la visión a futuro; sólo seguía mi intuición y le daba salida a mi creatividad. Sin saberlo, con la creación de *Reinvéntate* le di espacio a mi nueva identidad para que se expresara, empecé activamente a reinventarme en quien siempre había estado destinada a ser (y lo sigo haciendo mientras escribo este libro).

Cuando nos atrevemos a "querer" los anhelos de nuestro corazón empezamos a evolucionar rápidamente, comenzamos a desprendernos de la vieja piel y hay un periodo de adaptación. Poco a poco aprendemos a soltar el control y nos dedicamos a evocar emociones placenteras intencionalmente en anticipación a lo que estamos por recibir. (Ahora sabes redirigir tu certeza hacia lo que sí quieres crear, no hacia lo que tanto miedo te da.)

Es hora de hacerte una promesa: ¿te acuerdas de lo importantes que son las promesas?

En el capítulo anterior hiciste unas listas de todo lo que te vas a atrever a querer con todas tus fuerzas, aquello que vas a desear hasta que lo tengas. No vas a echarte para atrás porque sea difícil o porque tarde en suceder; tampoco vas a sabotearte por miedo a que los demás te juzguen; no te va a dar pena y mucho menos escucharás la voz del crítico interno. ¿Prometido?

Sólo preocúpate por el "qué". Uno de los errores más comunes que cometemos al ver nuestras listas de lo que queremos es que inmediatamente nos vamos a controlar el "cómo", "cuándo", "quién", "dónde", y nos abrumamos por no saber las respuestas; deducimos que está demasiado complicado y empezamos a perder todo el fuego inicial de la potencialidad. (¿Te acuerdas de esa ley? Al atrevernos a querer activamos la posibilidad de esa realidad.)

Suelta con confianza. Soltar no significa que no vas a hacer nada; significa que no te vas a tirar al drama si lo que quieres tarda en llegar, que no te vas a hundir en un mal viaje de pesimismo, que no te vas a preocupar y, por supuesto, que no vas a querer controlar los detalles. Vas a soltar el "cómo", "cuándo", "quién", "dónde", y harás tu parte.

¿Cuál es tu parte?

Te voy a ayudar a simplificar el proceso básico para diseñar tu vida intencionalmente: cinco pasos concretos y claros para que empieces a ver resultados potentes en tu vida. Sólo quiero que recuerdes que los procesos de manifestación nunca son lineales: tener pasos a seguir le ayuda a nuestra mente racional que quiere entender el "cómo".

Levanta la visión de lo que quieres

Una vez que sabes lo que quieres tienes que pasar al siguiente paso y atreverte a levantar la visión. Dependiendo de qué quieras, es posible que no lo logres inmediatamente (un nuevo amor, tu propósito, un negocio, escribir un libro, emprender, certificarte como *life coach*, pagar tus deudas, un bebé, la casa de tus sueños, mudarte de país, sanar una enfermedad, una *green card*, etcétera) y es muy importante que en tu camino mantengas completa claridad del "qué", que sepas cuáles son tus metas, cuál es la "montaña" que estás subiendo, elevar tu visión como un estandarte determinante que haga que en ningún momento se te olvide o te empieces a conformar con menos y entonces pierdas el rumbo. Ojo, una cosa es disfrutar y agradecer lo que tienes ahora, y otra muy diferente es conformarte con menos porque te da miedo que lo que de verdad quieres nunca pase (eso te hace sabotearte).

Atrévete a creer que es posible

Ya que te atreves a levantar la visión, tienes que asegurarte de que crees absolutamente que es posible. Tal vez esto no sea tan fácil como suena, quizá hay muchas creencias limitantes contradictorias en ti. Todos al inicio podemos tener la fuerza de arranque, pero si bajamos la guardia con el paso de los días, semanas o meses, llegará la duda y la incertidumbre, lo cual causará que se fugue tu energía y se pierda tu entusiasmo. Piénsalo: ¿por qué iríamos tras algo si últimamente dudamos que es posible?

Es normal que la duda venga de cuando en cuando, así que debes hacerte a la idea de que **creer que es posible es un trabajo de tiempo completo** y puede parecer muy pesado. Pero algo que a mí me abrió los ojos fue darme cuenta de que siempre estoy "creyendo algo" y el mismo trabajo me cuesta creer que es posible lo que quiero lograr que creer que no lo es. Al principio te darás cuenta de que tenemos la proclividad de ser pesimistas por el miedo que nos da sentir dolor; lo hacemos por precaución, pero cuando te atreves a vivir tu vida diferente sólo es cuestión de fortalecer el músculo de la atención, enfocarte en lo positivo, y cada día empezará a hacerse más fácil.

Haz espacio para recibir

Este paso me encanta porque nos lleva finalmente a "hacer algo" tangible. Hacer espacio es liberador, remueve la energía estancada en nuestro entorno y da una clara señal a nuestra mente racional de que "esto va en serio". Imagínate que tienes tu garaje lleno de triques, basura y cosas que no usas y no valoras, y que yo te dijera que mañana mismo recibirás el coche de tus sueños, nuevecito, radiante y todo pagado. Probablemente harías espacio y limpiarías ese garaje ahora mismo, motivada por la emoción y la certeza. O por ejemplo, imagina que yo te garantizo que en una semana vas a conocer al amor de tu vida, a una persona maravillosa que se alinea contigo, con quien harás un equipo hermoso y conocerás el amor a un nivel que no sabías que era posible. ¿Así sí te desprenderías de emails, cartas, regalos, fotos y recuerdos de tu Ex?

Hacer espacio es una acción que muestra certeza de que lo que quieres viene, y tú te activas a hacerlo porque lo crees sin lugar a dudas. Pasan serendipias maravillosas cuando nos atrevemos a hacer espacio real, nos preparamos para la llegada de todo lo nuevo y aligeramos la carga de lo que no sirve o simplemente ya no encaja bien.

Hacer espacio es mostrar el desapego que tenemos ante lo que hoy nos ocupa para darle la bienvenida a lo nuevo. Al hacer esto sin miedo muestras la fuerza de tu fe y merecimiento.

Atrévete a sentir las emociones que tendrías si se diera lo que quieres

Aquí es donde vas a probar tu habilidad de enfoque. Todo lo que piensas lo empiezas a saborear en la mente, y si lo haces el suficiente tiempo, baja a tu cuerpo con una emoción. Es por la ley de la vibración que empiezas a acercarte a la frecuencia de ya tenerlo, aún sin tenerlo, para que tenerlo sea posible. ¡Ya sé que es un trabalenguas! Pero ahí está la paradoja de la anticipación. Por ejemplo, a todos nos ha pasado que tenemos hambre, pensamos en qué se nos antoja, lo imaginamos y se nos hace agua la boca, lo suficiente para tomar acción inspirada y hacer que esa primera mordida real sea posible.

Con tus sueños tienes que ser igual: tienes que saborearlos en tu mente, visualizarlos y llevarte a sentir lo que quieres como si ya lo tuvieras. Créeme, esto que estás leyendo funciona; no creas que se me ocurrió a mí. Incluso está clarísimo en la Biblia, checa este verso:

> ❝ **Por eso les digo que todo lo que ustedes pidan en oración, crean que ya lo han conseguido, y lo recibirán.**
>
> **Marcos 11:24** ❞

Si ya tuvieras lo que quieres, ¿cómo te sentirías? Ahora ánclate en esa frecuencia de ya tenerlo y desde ese lugar actúa.

Actívate

Cuando estás en una frecuencia vibratoria de felicidad, expansión, certeza, abundancia, ¡es cuando sabes qué hacer! Desde ese lugar será sencillo que tomes acción, desde ese lugar podrás tener la creatividad y el entusiasmo necesarios para tomar decisiones y dar pasos importantes hacia tus metas. Se trata de que escuches tu intuición para saber qué hacer, con quién hablar, dónde postularte, cuándo salir, qué decir, qué puertas tocar, qué libro leer, qué curso tomar… Todo lo que hagas desde esa frecuencia te acercará a cumplir tus sueños. La ley universal de la acción nos lleva a dar pasos que desencadenan reacciones poderosas, cuando por la ley universal de la atracción atraemos diferentes personas y oportunidades, que por la ley universal de la vibración están en nuestra sintonía. Tomar acción es crucial.

Nota: Muchas veces cuando estamos sintiéndonos muy solos, nerviosos o con miedo, es cuando tomamos acciones erráticas, hacemos pendejadas, rogamos, nos conformamos, regresamos a una relación tóxica, etcétera. Esas acciones nos enredan más porque vienen desde las emociones de sentir lo que NO queremos. Las acciones inspiradas son las que se nos ocurren desde las emociones que nos genera lo que SÍ queremos.

Es común que mis clientes de primera vez me digan: "Esther, te juro que nada funciona, ya lo intenté todo y las cosas no fluyen", y la razón es porque no importa si ya lo intentamos todo; el punto clave es que lo que intentemos sea una acción inspirada, que surja desde las emociones correctas, que sólo se tienen cuando intencionalmente dirigimos nuestros pensamientos a lo que sí queremos.

Ahora que conoces cómo funcionan las emociones puedes entender por qué una persona ansiosa, triste, melancólica y con miedo suele estar enfocada en todo lo que NO quiere; es por eso que se siente así.

Recapitulemos

Todos los pasos anteriores son importantes y no podemos pretender que podemos dejar que las cosas se den solas. En el camino tendremos la oportunidad de poner a prueba nuestra resiliencia, valentía y determinación.

Te doy un ejemplo: hoy he manifestado la carrera de mis sueños: ser *life coach* es mi verdadera vocación, amo mi trabajo y todas las oportunidades en las que puedo compartir mi habilidades. Pero esta realidad no sucedió de la nada. Te muestro esta línea del tiempo resumida para hacerlo evidente:

1. Me sentía mediocre, estancada y frustrada con mi profesión porque no me estaba dando ni dinero ni placer.

2. Quería sentirme diferente y le pedía a Dios que cambiara mi vida.

3. Me atreví a creer que quizá había algo diferente que yo podría hacer donde usara mis verdaderos talentos; me imaginaba compartiendo la información que estaba cambiando mi vida, como libros y podcast.

4. Hice espacio en mi vida; organicé mis cosas; liberé mi clóset de ropa vieja que ni me quedaba y mi cartera de fotos, *tickets* y basura; purgué hasta mi lista de amigos, saqué todo lo que me parecía negativo o que rebatiera mis planes y la evolución de mi pensamiento. Puntualmente dejé de ver a un chico con quien tenía una dinámica contradictoria y tóxica; de un día para el otro ya no quise volver a verlo. Tiempo atrás habíamos intentado ser novios, pero no funcionó. Como nos hicimos "amigos" seguimos viéndonos de vez en cuando, pero me quitaba mucho tiempo, me distraía, era muy negativo, grosero en general, incrédulo y burlón de todo lo espiritual.

5. Empecé a sentirme liberada, inspirada, y creativa, incluso mi despacho de diseño nunca había estado mejor; tenía más dinero que antes y realmente me sentía muy motivada.

6. Un día, me encuentro la publicidad para certificarme como *life coach*: inmediatamente me llené de dudas, nervios, emoción, porque se iba a consumir todo mi dinero.

7. Mi intuición me dijo que lo hiciera; seguía muy emocionada, nerviosa, pero me animé y ¡pum!, he ahí una de las mejores acciones inspiradas que aceleró la manifestación de muchos sueños más.

Las acciones inspiradas generan efectos mariposa

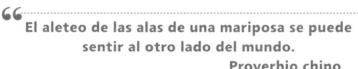

> El aleteo de las alas de una mariposa se puede sentir al otro lado del mundo.
>
> **Proverbio chino**

Cuando queremos cambiar tantas cosas de nuestra realidad puede parecer una labor tan compleja que nos abrumamos pensando que nuestros primeros esfuerzos pasarán desapercibidos y nos tardaremos una vida en ver resultados reales, pero esto es mentira. Como te he dicho a lo largo de este libro, es muy importante que tomes todas tus acciones desde un lugar consciente, integrado, honesto y lleno de fe. Si así lo haces, los milagros lloverán y acelerarán tu proceso. La clave es que no subestimes las pequeñas acciones porque en este momento, con todo el trabajo que estás haciendo y todo lo que estás sanando y liberando, eres tierra fértil y lo que siembres impactará tu vida drásticamente.

No sé si hayas escuchado antes acerca de la teoría del caos y el efecto mariposa, pero básicamente lo que explican es que algo tan complejo como el universo está inmerso en un sistema caótico flexible; eso quiere decir que es moldeable y es reactivo a cualquier estímulo, lo que da resultados impredecibles. Me encanta hablar del universo porque cuando pensamos en la inmensidad de las galaxias, el sistema solar, las estaciones del año, podemos entender los ciclos, los ritmos y cómo todo se sincroniza para funcionar en medio del caos.

Según el efecto mariposa, si partimos de dos sistemas dinámicos "iguales" —tu vida, por ejemplo—, con ciertas circunstancias y condiciones iniciales, y uno de éstos es impactado por cualquier discrepancia con una variación pequeña en esas condiciones iniciales, ambos sistemas acabarán evolucionando en ciertos aspectos de forma completamente diferente. Entonces, si en un sistema (tu vida, tu trabajo, tus hábitos, tu proceso a sanar, etcétera) se produce una pequeña perturbación inicial, mediante un proceso de amplificación, se generará un efecto considerablemente grande a corto o medio plazo. Créeme: no importa qué tan pequeños sean tus cambios ahora; si los cambios son de raíz crearán enormes transformaciones que dirigirán tu vida a otro destino.

Entonces las pequeñas variaciones en las condiciones actuales de tu vida pueden implicar grandes diferencias en el comportamiento futuro, lo que imposibilita cualquier predicción a corto plazo. Así es, leíste bien: corto plazo. Lo que cambies hoy impactará tu mañana y el resto de tu vida.

Pido y pido y no recibo nada

No se trata sólo de pedir. Ahora entiendes que pedir sin actuar como si ya tuviéramos lo que queremos es inútil.

Nuestra frecuencia es clave para ver resultados y recibir el milagro, oportunidad o manifestación. Otro factor que quiero que consideres es que podemos pedir, pero recibiremos hasta estar listos para recibir; nosotros aceleramos ese proceso o lo alentamos con nuestra vibración.

Imagínate que un niño de tres años te pide y te pide unas tijeras. ¿Se las darías? Te ruega, llora, grita y demás. La respuesta seguirá siendo NO porque no está listo para recibirlas; es prácticamente seguro que va a lastimarse, pero eso no quiere decir que no las puede tener, sólo significa que aún no es el momento.

Curiosamente nosotros actuamos así: pedimos, rogamos, hacemos pataleta… por una relación amorosa, un ascenso, dinero, casa, viajes; y quizá no tenemos la destreza para recibirlo y terminamos usando lo que tanto deseamos para sacarnos los ojos.

- Llega la relación amorosa y caemos en codependencia.
- Llega el ascenso y caemos en *workaholismo* o ansiedad.
- Llega el dinero y caemos en toxicidad.
- Llega la casa y caemos en depresión y soledad.
- Llega el viaje y huimos de nuestras heridas.

La forma de darte cuenta de si éste es tu caso es revisando qué tanto fuerzas las cosas. Forzar es el reflejo de que no estás lista para tener algo, por eso tus esfuerzos te cansan, vas contra la corriente de lo que hoy es tu verdad; y aun cuando lo logras, todo termina saliendo mal.

El reto es poder "querer" pero a la vez entender que a la fuerza ni los zapatos entran. Tenemos que soltar el control, rendir el ego y saber que todo se dará en tiempo y forma correctos mientras que seamos constantes con nuestro trabajo interior para alinearnos suave y vulnerablemente, entendiendo que siempre hay un plan mayor y el universo siempre se está sincronizando en nuestro beneficio, aun cuando parezca que no está pasando nada.

Lo que buscas también te está buscando a ti

La mejor noticia que puedo darte hasta este momento es que todo lo que quieres también te quiere a ti. Ese gran amor que tanto anhelas también te anhela a ti; ese dinero que quieres tener también quiere ser poseído por ti; esa oportunidad que quieres para triunfar también quiere ser tuya. Pero el punto de encuentro depende de que las frecuencias de ambos lados se mantengan el suficiente tiempo en una vibración o frecuencia alineada; constantemente te estás acercando y alejando de lo que quieres, conforme vibras en certeza y luego vibras en duda.

No cometas el error de entrar en pánico cada vez que dudas un poco, date cuenta de que estás desarrollando el músculo de la certeza y que en cierta medida estás convirtiéndote en una persona con carácter resistente, lo cual es increíblemente valioso. La resiliencia no se crea sin caídas; así que cuando dudes, pierdas tu centro o te desesperes, recuerda que es una oportunidad para regresar más fuerte y con más claridad respecto a lo que quieres. Es absurdo querer hacerlo todo bien a la primera, así no se desarrollan las habilidades y talentos.

Simplemente, a partir de este momento, la idea es que seas consciente de que tu energía te aleja o te acerca a lo que quieres, y bajo esa premisa empieces a sentir intencionalmente, de manera que sanes, trasciendas y te aprendas a mover en la escala de emociones y te sientas cada vez más familiarizada con lo que pasa de tu piel hacia dentro. Ahí está el verdadero empoderamiento: cuando no te juzgas, sino que regresas a intentarlo aprendiendo de tus errores; y cuando no te da miedo sentir lo que ya está presente en ti: simplemente te permites sentir y progresar a emociones más placenteras desde el amor.

Esto o algo mejor

Tu capacidad de soltar y dejar que las cosas se den sin forzarlas vendrá de la creencia fundamental de que el mismo Dios que creó este universo regido por todas las leyes universales te creó a ti, y que todos los anhelos de tu corazón fueron puestos ahí por Él; por ende, te quiere ver triunfar y crear la vida que anhelas con base en tu merecimiento, fe y valentía.

Así que cuando algo no parece alinearse, tienes que recordar que si no es "eso" será algo mejor.

Aprender a dar gracias y permitirnos fluir y confiar en que vendrá algo mejor para nosotros es sumamente retador. En el proceso de hacerlo nos seguimos transformando en seres integrados, fieles e inteligentes en lo racional, emocional y espiritual.

Toda esta información ya te está estimulando para ver tu vida y tu potencial desde una perspectiva diferente, y casi sin darte cuenta, todo está cambiando, estás haciendo espacio para tu nueva identidad, donde puedes regresar a tu esencia y ser quien siempre has estado destinada a ser.

11

ENAMÓRATE DE TI

Seguramente has escuchado cientos de veces que es fundamental tener amor propio, que debemos aprender a amarnos cada día más, poner límites y actuar con mucha certeza para cumplir todos nuestros sueños. Esta frecuencia de emociones abre un sinfín de posibilidades para nuestro futuro; empezamos a despertar nuestra sensibilidad a nuestra energía vital y a distinguir la voz de nuestra propia intuición. Lo que menos quiero es repetirte la misma cantaleta que ya te sabes de memoria: lo más importante que puedo darte es un cambio de perspectiva del mismo tema (amor propio), pero quizá ésta pueda tener más sentido para ti y de esa forma hacer evidente en tu camino la sensación que tendrás de tu piel hacia dentro si realmente aprendes amarte.

Cuando yo me encontraba intentando despertar ese famoso amor propio que me permitiría cambiar radicalmente mi vida, me cuestionaba una y otra vez si lo estaba haciendo bien. Tenía dudas respecto a mi avance porque no dejaba de experimentar altibajos, me costaba saber qué tan definitivos eran mis cambios de hábitos internos (no me refiero a meditar, tomar agua o hacer ejercicio) y los cambios de mecanismos de defensa que llevaba utilizando 30 años.

Dudaba debido a que tenía continuos bajones y en el día a día me costaba trabajo no regresar a los pensamientos negativos, pesimistas o críticos. No obstante, entendía que era normal y parte del proceso, ya que se trata de despertar el amor propio y no de perder nuestra humanidad.

Pensaba en una de las ideas que propone Brené Brown: despertar nuestra capacidad de ver la imperfección como un regalo y sobre todo empezar a entender lo que sucede cuando sentimos vergüenza por algún aspecto de nosotros mismos. Me daba cuenta de que lo único que me impedía amarme profundamente y sin intermitencias eran los aspectos de mí que me seguían erizando la piel, generando vergüenza y despertando las ganas de seguir ocultándolos o de alguna manera tratar de compensar mis deficiencias.

Me preguntaba: "¿Cómo puedo amarme profundamente sin que la vergüenza que me dan mis imperfecciones me genere momentos intermitentes donde pierdo mi centro y regreso a mecanismos del pasado como procrastinar, evadir, enmascararme o sentirme menos?"

Finalmente caí en la cuenta de que uno de los valores fundamentales que siempre he buscado encontrar en las personas que me rodean y que amo —puntualmente mi pareja— era lo que me faltaba darme para poder navegar las aguas turbulentas de mis imperfecciones diarias.

Ese valor es la lealtad. Aquello que tanto quería, quiero y querré.

Lealtad feroz

Para que yo logre sentir amor propio necesito darme el poderoso ingrediente de la "lealtad", ya que el amor propio muchas veces es tan ambiguo y tan etéreo que no tenemos idea de si lo estamos haciendo o no, si está funcionando o no, o si los bajones significan que no hemos cambiado en realidad.

La lealtad es tan importante para mí que de inmediato identifico cuando alguien no me es leal. Muchas veces me he tragado el sabor amargo cuando alguien hace o deja de hacer algo que me lastima porque me siento traicionada. Y digo que me lo he tragado porque no ha sido algo que haya reclamado. Muchas veces al mismo tiempo que me siento traicionada entiendo que los demás quizá no lo hicieron para lastimarme, sino que simplemente tienen prioridades diferentes a las mías, y eso se debe respetar. Pero eso no quita que yo lo sienta amargo y me sepa a traición, deslealtad, mentira, hipocresía, abandono, indiferencia...

Fue ahí que entendí: si toda mi vida he buscado amar y ser amada, y yo sé que el tipo de amor que quiero dar y recibir es profundamente leal, al tratar de amarme a mí misma lo que más debo darme es lealtad. Y tiene todo el sentido que si tanto espero lealtad, primero debo ser capaz de dármela a mí misma.

La falta de lealtad la identifico a tres kilómetros de distancia, la siento, la huelo y me molesta; pero me di cuenta de que la deslealtad a mí misma era la única que no estaba notando, y ahí fue cuando para mí se volvió evidente si en cada momento de prueba me amaba o no.

A raíz de esta reflexión me prometí **lealtad feroz** (yo inventé este concepto, elevando la idea de amor propio a algo que provocara en mí algo radical), esa promesa visceral que sé identificar, donde soy capaz de amar a pesar de lo que sea. Entonces ahí ya no me importaban mis fallas y errores del pasado.

Con lealtad feroz puedo perdonarme y se va la culpa.

Con lealtad feroz puedo ser yo auténticamente y se me va la pena.

Con lealtad feroz puedo cometer un error y se me va el miedo.

Con lealtad feroz puedo tener celulitis y se me van los complejos.

Con lealtad feroz puedo fracasar y se me va la vergüenza.

Con lealtad feroz puedo soñar en grande sin sentirme ridícula.

Es importante aclarar que tener "lealtad feroz" no significa que nos demos permiso de ir por la vida haciendo lo que se nos venga en gana desde el ego; más bien es donde nos integramos y nos alineamos de tal manera que acribillamos al crítico interno y dejamos de atacarnos constantemente.

Intuición

La intuición es la sabiduría divina que habita en todos los seres humanos pero que desgraciadamente no logramos escuchar hasta después de que cometemos errores. ¿Alguna vez te ha pasado decir alguna de estas frases?:

- "Ya sabía que no debía ir a ese lugar."
- "Algo me decía que no confiara en esa persona."
- "Siempre supe que no iba a funcionar ese negocio."
- "Sabía que algo estaba cambiando."
- "Presentía que me era infiel o me estaba mintiendo."

Son claros ejemplos de que la sabiduría estaba ahí, pero preferimos racionalizar nuestras decisiones y no confiar en nuestra capacidad intuitiva.

Y cuando estamos acostumbradas a escuchar frases como:

- "Eres superexagerada."
- "Qué paranoica eres"
- "Ni al caso lo que te imaginas."
- "Estás superloca."
- "¿De dónde sacas tal cosa?"

evidentemente hacemos todo menos confiar en ese sexto sentido. Pero a partir de ahora tu intuición va a ser tu mejor brújula.

Yo sé muchas cosas sin saber por qué las sé; simplemente las presiento, y ahí está la clave de todo: **pre-siento**, es decir ¡las siento antes de que pasen! Es así como puedo tomar mejores decisiones para mi vida. Cuando siento que algo no va bien, me detengo y cambio; si me siento incomoda, me voy; si desconfío de alguien, me alejo; si siento mala onda, pongo límites. El punto es que solamente teniendo amor propio (o en mi caso, lealtad feroz) es que somos capaces de distinguir la voz de nuestra intuición porque erradicamos el ruido intenso de la voz de nuestro crítico interno, que es la interferencia horrible que nos confunde.

Por ejemplo, cuando me sentía insegura y en desventaja, no sabía si alguien me convenía románticamente; pero una vez que empecé a darme lealtad feroz fue que supe cuándo decir "no, gracias" y cuándo decir "sí" al que ahora es mi esposo.

Ánclate y recupera tu sensibilidad

Es normal que al inicio te cueste trabajo escuchar y distinguir la voz de tu intuición tan claramente que no te quepa duda de cómo interpretarla y saber cómo proceder. Pero hay un factor que hará la diferencia para que lo logres rápidamente: tu capacidad de **anclaje**, que en inglés se la conoce como *grounding* y se refiere a tu capacidad de estar presente en el "aquí y ahora", para saber interpretar los mensajes sensoriales, es decir, lo que **pre-sientes**.

Aun cuando tenemos amor propio es necesario estar en el momento presente para percibir, ya que si vives en el pasado recordando o en el futuro planeando te vas a perder de lo único que es verdaderamente real: este momento presente.

Como las sensaciones intuitivas pueden ser sutiles a manera de corazonada, no las vas a percibir si estás clavada en la nostalgia de algo pasado o en la preocupación de algo futuro, así que debemos desarrollar el músculo emocional que nos permita estar aquí y ahora. Lo vas a lograr haciéndote consciente de tus maravillosos cinco sentidos. Ve qué interesante: sólo considerando primero esos cinco sentidos es que podemos hacernos conscientes del que llamamos "sexto sentido".

Los cinco sentidos nos permiten interpretar lo que está pasando ahora y nos ancla al presente; por eso, al practicar la conciencia plena o *mindfulness* estamos haciendo ejercicios de anclaje (*grounding*).

Olfato: Es increíble que cuando olemos algo —ya sea rico o desagradable— no podemos más que tener una reacción visceral. A veces nos da hambre si el olor es delicioso; otras nos da asco o incluso nos puede alarmar como cuando hay una fuga de gas. Tú puedes intencionalmente anclarte al presente al disfrutar del aroma de tu café en la mañana, de las flores en tu casa, de velas aromáticas, de aceites esenciales o del perfume de un ser querido.

Oído: Nada como la música para vibrar en sintonía con el presente. Quizá te pongas a bailar, a cantar o uses música instrumental para acompañar tus horas de trabajo o estudio. Los sonidos nos anclan al presente de una manera maravillosa, nos cambian el estado anímico o nos alertan (por ejemplo: el despertador, las alarmas contra incendios o las alarmas sísmicas). Puedes intencionalmente anclarte al presente al disfrutar de los sonidos que te rodean ya sea con la música que más te gusta o incluso sólo tratando de escuchar a los pajaritos desde tu ventana o la quietud de la noche.

Gusto: Todos sabemos que podemos devorar sin saborear... pero qué maravilla es cuando cada bocado es una explosión de sabores, cuando estamos felices con el plato que tenemos enfrente y somos capaces de disfrutar no sólo el sabor, sino la textura, la temperatura y las combinaciones de sabores. También cuando algo está agrio, pasado o rancio inmediatamente intentamos sacarlo de nuestro sistema. Es importante que aproveches para anclarte cuando estás comiendo o tomando algo; evita comer mientras trabajas o viendo la televisión, ya que estamos en otro lado y no sabemos ni qué nos metemos a la boca.

Vista: Piensa en el amanecer que más has disfrutado o lo que sientes cuando vas de vacaciones a la playa en carretera y te emocionas con la inmensidad del mar a la distancia o lo increíble de una noche estrellada. Es claro que la vista también es una fuente de placer, un medio muy potente para anclarnos al presente. Si vives en la naturaleza o te gusta el arte, por ejemplo, puedes usar tu vista fácilmente para estar presente, sobre todo si te das espacios para salir a caminar o ir a museos. Otras formas simples para anclarte a través de este sentido pueden implicar que veas documentales donde la fotografía es increíble o si decoras intencionalmente tu casa y la mantienes limpia, ordenada, incluso minimalista.

Tacto: Por supuesto, el tacto es eficaz para traernos al momento presente. Un masaje puede ser el momento de desestrés donde dejamos de preocuparnos. Pero piensa en otros ejemplos: ¿alguna vez te has asoleado de más, al punto de que la piel te arde y sientes calentura?; la rozadura de las sábanas puede ser suficiente para que no podamos pensar en otra cosa. Definitivamente el dolor y el placer a través del tacto nos anclan al presente. Puedes hacerlo intencionalmente caminando en el pasto descalza, dándote un masaje de pies, tocando texturas que te gusten, usando sábanas resbalosas, etcétera.

¿Te das cuenta de cómo no puedes disfrutar de nada sin sentir? Para eso hemos sido creados: para disfrutar el gran espectro de emociones y sensaciones que tenemos al alcance en esta experiencia física. No lo hacemos porque nos da miedo sentir, pero ahora ya sabes que tienes la capacidad de moverte en la escala de emociones, y en cuanto a tus cinco sentidos, pasa un poco lo mismo: nos da resistencia el agua fría, los sabores nuevos, la música diferente... y nos vamos acostumbrando a quedarnos con poco y se vuelve rutinario; **lo mismo de siempre**, al hacerlo en automático, no logra anclarnos. Ahora sabes que puedes meterle variedad a tu vida y disfrutar las pequeñas cosas si estás presente.

Retomando el tema de la intuición, estábamos hablando de eliminar la interferencia del crítico interior a través de tu amor propio, o si te gusta más, puedes adoptar mi concepto de **lealtad feroz**. Al empezar a darte este tipo de trato y brindarle a tu día a día anclaje, elevarás tu calidad de vida y comenzarás a ver múltiples manifestaciones, ya que podrás usar intencionalmente las leyes universales a tu favor. Te verás en situaciones donde tienes que tomar decisiones importantes (cambiar de trabajo, salir con alguien, estudiar algo, asociarte en algún proyecto, lanzar tu emprendimiento) y tendrás que actuar e interpretar lo que sientes para saber qué te conviene. Ese sexto sentido empezará a aflorar y, como todo, deberás practicar para desarrollar una confianza férrea que te lleve a decidir sin dudar.

Eres un ser espiritual y tu intuición es la sabiduría divina que habita en ti; no es racional, no es lógica y muchas veces no tienes cómo explicárselo a alguien más. Por ejemplo, cuando yo decidí certificarme como *life coach*, había avanzado mucho emocionalmente pero no estaba lista para *coachear* a nadie; de hecho, mi despacho de diseño estaba tan bien —después de mucho tiempo de estar tan mal— que lo más coherente habría sido que no me distrajera con nada. Pero en cuanto vi que me podía certificar **sabía que era para mí**. No podía explicarlo, sólo lo presentía, entonces lo hice en secreto para que no me cuestionaran, y no me equivoqué.

Movimientos viscerales

Es muy interesante cómo nos habla en un inicio la intuición a través de movimientos en los órganos internos blandos del cuerpo, como los pulmones, el corazón, los órganos del aparato digestivo y de los sistemas excretor y reproductivo: sentimos claramente la reacción de nuestro cuerpo ante un estímulo. Si esto te parece complicado, basta con recordar cómo te has sentido cuando te empiezas a enamorar de alguien: esas mariposas en la panza realmente son movimientos expansivos de nuestros intestinos. Se siente increíble, ¿no? O también seguro has sentido el nudo nervioso y la ansiedad cuando no encuentras tu cartera o tu celular porque se te perdió o te lo robaron: eso es la contracción de tu estómago y el acelere de tu corazón.

Date cuenta de cómo tus vísceras se contraen o se expanden para darte claridad de que algo es positivo o negativo, de que algo es para ti o no es para ti, de que algo se siente bien o mal. No hay forma de hacernos de la vista gorda o malinterpretar esta sensación, ya que la intuición nos empieza hablando en un sistema binario, lo que significa que hay sólo dos opciones y no hay medias tintas.

¿Alguna vez te ha pasado que alguien que no te gusta intente besarte? Contracción inmediata. Ahora, ¿qué tal cuando alguien que sí te gusta te intenta besar? Expansión inmediata.

Con ganas de ilustrar cómo sin amor propio es imposible escuchar nuestra intuición, quiero que recuerdes la historia que te conté sobre cómo, después de mucho esperar y rogar, mi Ex y yo regresamos sólo para pasar una muy mala temporada juntos. Te conté que esa etapa fue la más dolorosa de todas, porque yo estuve en completa contracción, tensa, apretada, sin hambre porque tenía la panza hecha un nudo todo el día; no sabía qué hacer; trataba de ser positiva, de echarle ganas, de fluir, y fue horrible. Estaba yendo en contra de mi intuición que me decía: "Detente inmediatamente, sal de este tormento". Pero yo racionalizaba: "Otro jalón, cambia, sé diferente, logra hacer que esto funcione". Presentía que no iba a funcionar, pero mi crítico interno me confundía constantemente.

Ahora recuerda otra historia que te conté: después de mucho tiempo de no haber visto a mi Ex, fuimos a cenar. Al final de la cena, cuando me estaba subiendo al coche para irme, él trató de besarme y yo me quité sin pensarlo; la contracción fue automática y no tuve que racionalizar nada, sólo sucedió en el momento. Después no lo sobreanalicé, no dudé si estuvo mal o bien haberme quitado, porque ya era evidente que mi cuerpo reaccionaba con base en mi sabiduría divina.

¿Ves cómo el progreso sucede sutilmente mientras sanas, pero un día volteas atrás y te das cuenta de que el cambio ha sido radical? Bueno, pues así te va a pasar ahora que estás aprendiendo a amarte y a fluir con el universo liberándote de todos los pesos y ataduras al pasado. Vas a empezar a abrir camino en tu vida y tendrás que asegurarte de estar anclada al momento presente para que cuando manifiestes oportunidades, personas, proyectos, invitaciones o te veas en una encrucijada puedas sentir la reacción de tu cuerpo ante lo que tu intuición dice. Entonces recuerda:

- **Expansión en tu cuerpo, según la situación, puede significar** "sí, adelante, sigue", "pelea por ello", "no te rindas", "esto es para ti", "persevera", "ten fe", "disfruta", "mereces esto", etcétera. Se siente cómodo, te encanta, sabes que te pertenece, tienes mariposas en la panza, te emociona, activa tu creatividad, te da energía, y puede que te den ganas de ir al baño a hacer "del dos" porque se mueven mucho tus intestinos.
- **Contracción en tu cuerpo, según la situación puede significar** "no, detente", "deja de forzar", "no te conviene", "no confíes", "vuelve a revisar", "observa", "foco rojo", "sal de ahí", "estás saboteándolo", "esto es falso", "no te conformes", etcétera. Se siente incómodo, como que no te hallas, te falta el aire, te repele, te hace sentir vacía, genera confusión, causa contradicciones.

Tu cuerpo físico es más que un cuerpo, es verdaderamente el vehículo a través del cual experimentas tu vida y te permite tener la capacidad sensorial para interpretar los estímulos que te rodean. Los complejos, inseguridades y mecanismos de defensa te están robando la capacidad de percibir aspectos fascinantes del día a día.

Conocer todo esto me llevó a enamorarme de mi realidad —después de saber lo que se siente querer huir de ella— y aprovechar la oportunidad de crear intencionalmente la vida que sueño, mientras disfruto intensamente lo que ya tengo.

Cada día más tú

En este proceso te estás liberando de muchas ideas, creencias, prejuicios, cargas y demás que no te pertenecen; estamos levantando costras y capas de polvo, y nos estamos encontrando con tu esencia, donde eres capaz de amar tus imperfecciones y empezar a guiarte por tu propia sabiduría interior para reconciliarte con todas las versiones de tu pasado —que trataron siempre de hacer lo mejor que pudieron, aunque con pésimas herramientas—.

En este punto quizá puedes darte cuenta de cómo, al saber todo esto, *la verdad te libera* de seguir actuando y reaccionando como antes. A mí me pasó: cuando comprendí todo lo que te he compartido, entendí que estaba tratando de arreglar las cosas con mi Ex, por ejemplo, pero mis únicas herramientas eran el chantaje sentimental, el drama, la manipulación y el victimismo. Simplemente no tenía otras y estaba dando tumbos. Hoy podría reaccionar muy diferente si algo así me volviera a pasar.

Cuidado con el tropezadero

Es muy común que en este punto puedas sentir culpa o coraje de haber actuado de cierta manera que te haya creado dolor o consecuencias negativas. Sin embargo, lo peor que puedes hacer es usar esta información para machacarte por errores que cometiste, ya que no es justo ni tiene sentido que demandes de ti misma haber actuado diferente cuando no sabías nada de esto. No debemos juzgar las decisiones del pasado desde la conciencia que apenas estás desarrollando.

Pasa seguido que me dicen: "Me siento muy mal por haberme humillado de esa manera". Entiendo que puede llegar a ser muy confrontante, pero debes analizar la situación desde el contexto de tu realidad en ese momento; de otra manera sólo te vas a meter el pie: bajarás tu vibración, te perderás en el pasado al dejar de anclarte a lo que hoy es tu realidad y, sobre todo, te soltarás de la mano a ti misma y dejarás espacio para la vergüenza. ¿Te acuerdas de cuál era el antídoto contra la vergüenza que nos impide amarnos? La lealtad feroz. Así que no te rechaces y mejor abraza tu camino.

Mantén tu energía en movimiento

Ahora que estás aprendiendo a amarte y a anclarte, es el momento perfecto para explicarte otro aspecto muy importante de nuestra esencia. Te lo comparto hasta ahora porque es difícil considerarlo cuando tenemos muchas costras, máscaras y creencias limitantes nublándonos la vista, pero ya estás lista (asumiendo que has llevado a cabo todos los ejercicios prácticos que te he propuesto).

Anteriormente ya te comenté que somos energía y que además de nuestro cuerpo físico tenemos un cuerpo energético. Todo el tiempo estamos vibrando en cierta frecuencia que interpretamos al checar nuestro estado emocional. Bueno, pues nuestra energía también se subdivide en dos tipos: femenina y masculina.

Energía femenina y masculina

Todos los seres humanos tenemos ambas capacidades energéticas, y no tienen nada que ver con nuestro género ni con nuestra orientación sexual; es decir, si eres humano, tienes la capacidad de dirigir tu energía y mostrar las cualidades que cada uno de los dos espectros tienen en ti. Y cada una se puede presentar en plenitud y conciencia o en toxicidad y resistencia.

Algunas personas las ubican como las energías yin y yang. La energía yin o femenina es la energía creativa e imaginativa que regula la capacidad de recibir, y la energía yang o masculina es la dinámica y activa que regula la capacidad de dar.

- **Energía masculina plena y consciente:** El individuo se identifica más con la mente racional que está regida por el hemisferio izquierdo del cerebro, que es el responsable del lenguaje verbal y de la habilidad lingüística, de la capacidad de análisis, de la resolución de problemas matemáticos, así como de la memoria y el pensamiento lógico y racional.
- **Energía femenina plena y consciente:** El individuo se identifica más con la capacidad emocional y creativa que está regida por el hemisferio derecho, el cual guarda relación con la expresión no verbal; piensa y recuerda a través de imágenes; y en él se encuentran la orientación espacial, la percepción, la potestad para captar y expresar las emociones, etcétera.

Al leer estas descripciones seguramente puedes entender cómo ambas son sumamente importantes y necesarias en nuestra vida; sin embargo, muchas veces nos vamos por completo hacia una de ellas y terminamos sufriendo. Ahora que estás atreviéndote a crear la vida que quieres tener, volverte a enamorar y nunca perder tu autonomía, tienes que estar muy consciente de ambos espectros para que puedas fluir fácilmente sin perder tu autenticidad en el intento.

Energía femenina plena	Energía masculina plena
nutritiva	proveedora
creativa	protectora
empática	activa

Energía femenina plena	Energía masculina plena
amorosa	valiente
sensual	constructora
cautivante	estratégica
receptora	demandante
tierna	ambiciosa
consciente de sí	

Todos los seres humanos tenemos acceso a estas dos columnas de características y podemos vivir la vida fluyendo, creando, recibiendo, construyendo y cautivando al mundo que nos rodea; sin embargo, cuando nos aferramos sólo a una de las columnas eventualmente topamos con pared y no vemos progreso con nuestros esfuerzos y empezamos a caer en la toxicidad de esa energía en la que estamos atorados:

Energía femenina tóxica	Energía masculina tóxica
dramática	agresiva
chantajista	dominante
manipuladora	controladora
pasiva	hipercompetitiva
victimizante	aislada
codependiente	sexista
insegura	*bully*
apocada	burlona
evasiva	chovinista
depresiva, propensa a adicciones	

Te comparto varios ejemplos para ilustrar esto:

Ejemplo 1

Tengo una clienta de *coaching* que es una artista espectacular, pinta y canta. Genuinamente creo que merece ser famosa y que el mundo entero disfrute de sus creaciones. Ha pasado mucho tiempo en su energía femenina, creando desde el corazón. Sin embargo, cuando se trata de tomar acciones fuera de su zona de confort se paraliza, procrastina, hace drama, se muestra muy insegura de sus talentos y no toma acción para hacer cosas con las que sueña, como hacer exposiciones recurrentes en galerías para vender sus piezas o grabar profesionalmente sus canciones. ¿Por qué? Pues porque no puede crear la vida que quiere sólo desde su energía femenina. Si bien le funciona y fluye muy bien cuando se trata de crear, no le funciona cuando se trata de hacer promoción y difusión de su obra, contratar un abogado, darse de alta para pagar impuestos, ponerle precio a su trabajo y demás.

Ejemplo 2

Otra de mis clientes es una mujer poderosa, muy ambiciosa, líder nata. Es CFO de una empresa grande y muy bien posicionada; se mueve en el mundo corporativo con total autoridad; muchos la respetan y la admiran; es mentora de emprendedoras y tiene una valentía muy loable cuando se tarta de romper estereotipos. Lleva cinco relaciones amorosas fallidas en los últimos dos años. Anhela ser mamá y está pensando hacerlo sola porque le preocupa que siga pasando el tiempo y que después sea imposible. Le aterra no ser buena madre y le preocupa que teniendo un hijo aún sea más difícil encontrar una pareja. Las razones por las que las parejas que ha tenido la han dejado es porque es muy dominante, no baja la guardia y todo el tiempo está trabajando. De hecho los hombres con los que ha salido ni siquiera han tenido que dejarla, ya que ella, cuando nota un ligero distanciamiento, se aísla y deja de contestarles el teléfono asumiendo que no tiene caso pasar por la conversación incómoda de cortar. Su refugio diario es el trabajo y cuando nadie la ve es el cigarro y el alcohol.

Ejemplo 3

Uno de mis clientes, que de hecho es *coach*, es un hombre muy sensible y espiritual de 55 años, meticuloso en todo lo que hace; trabaja desde su casa y está muy activo en la educación de sus hijos. Le encanta leer y escribir, de hecho tiene dos manuscritos que no le ha mostrado a nadie, pero a mí me dijo que le gustaría publicarlos algún día. Me contrató para que le ayudara a entender por qué no consigue clientes de *coaching*, y me explicó que su cliente ideal eran mujeres de 30 años. Yo le explicaba que quizá una mujer de 30 años está buscando a alguien con quien se identifique, y le propuse que probara con clientes que tuvieran algo en común con él. Claramente lo estaba sacando de su zona de confort, ya que este hombre no sabe relacionarse con otros hombres, muy probablemente por haber experimentado *bullying* en su infancia. No lo quiso hacer y su conclusión fue que necesitaba estudiar más y se metió a un diplomado a pesar de los problemas para pagarlo.

Muévete en tu energía hacia tu yin y tu yang

Es evidente al ver los ejemplos anteriores que a través de experiencias del pasado aprendemos a movernos más en una energía y nos desconectamos por completo de la otra. Eso resulta en que —por la frustración que nos genera no avanzar— nos vayamos a la toxicidad de esa energía, lo que hace aún más complicado salir de nuestra zona de confort.

Muchos asumen que debemos balancear ambas energías, aprender a tener 50% de cada una para así vivir en equilibrio. Sin embargo, ése no es el caso, ya que podemos pasarnos la vida tratando de nivelarlas exactamente y será imposible, además de que todo lo que hagamos será parcial. Lo que debemos aprender es, primero que nada, que tenemos ambas capacidades energéticas; probablemente una está más desarrollada gracias a la práctica. Con este entendimiento podemos intencionalmente activarnos en la que nos cuesta trabajo.

La idea es que si practicas estar anclada al momento presente —como ya platicamos antes—, ahora puedas activar el espectro energético que necesites para impulsar lo que estés haciendo en cualquier momento y área de tu vida. Con la práctica aprenderás a moverte fácil y rápidamente de una energía a la otra. Un ejemplo muy evidente de cómo lo podemos hacer de un segundo al otro sería éste: yo tengo un perro increíble que generalmente se porta muy bien. Se llama Rocket y lo consentimos mucho. Suelo estar en mi energía femenina con él: jugamos, lo cuido, lo alimento, me preocupo por su salud, estado de ánimo, etcétera; pero hay veces que se porta mal, que hace algún berrinche porque no lo llevamos a la calle o no le dimos un premio. Cuando lo veo que está haciendo algo prohibido —como robar comida que no le pertenece, cagarse dentro de la casa a propósito o algo similar— en un segundo ya estoy en mi energía masculina hablándole fuerte, poniéndole un límite muy claro y dominante.

Lo mismo puede suceder al revés: puedo subirme a un escenario, valiente y con mis ideas muy organizadas, pero cuando termino y le mando un mensaje a mi esposo para contarle cómo me fue, puedo llorar por la adrenalina, reír de la emoción y mandarle mil emojis como niña chiquita.

Tú también puedes moverte de tu energía femenina a la masculina y viceversa para saber cuál es la necesaria en cada momento según lo que quieras lograr.

EJERCICIO PRÁCTICO

Identifica cuál es la energía que te es más fácil y natural. Busca en las listas anteriores qué características tienes; si tienes de ambas columnas está muy bien.

- Analiza algunos fracasos que has tenido, y piensa qué características has presentado y qué habría pasado si hubieras usado el otro espectro.
- Ahora analiza las cosas que te cuesta trabajo hacer, aquello con lo que procrastinas y a lo que te resistes. Pregúntate qué energía crees que necesitas activar para que te sea más fácil fluir.

Te doy un ejemplo:

Cuando era diseñadora de tiempo completo y tenía junta con algún cliente importante que me ponía nerviosa, me costaba trabajo salir de mi zona de confort durante la cita. Yo sabía que era "creativa, empática y dedicada", pero para cerrar el proyecto en la junta y que me lo dieran, eso no me era suficiente, y tenía dos posibilidades en mi incomodidad: activar mi energía masculina para mostrarme ambiciosa, segura, valiente e incluso demandante o irme a la femenina tóxica: dramática, evasiva, insegura.

Es muy fácil saber qué energía es necesaria para tener más éxito en lo que te propongas:

- Para hacer trámites legales - Masculina
- Para hacer que un bebé se duerma - Femenina
- Para escribir una novela - Femenina
- Para poner un límite - Masculina
- Para vender servicios - Masculina
- Para reaccionar en un terremoto - Masculina

- Para rescatar un animal temeroso - Femenina
- Para cantar - Femenina
- Para levantar una queja en recursos humanos - Masculina

¿Te imaginas tratando de hacer trámites legales desde la energía femenina? Imposible, y es por eso por lo que muchas mujeres se quedan en matrimonios donde hay, por ejemplo, violencia: el solo hecho de pensar en los trámites, la mudanza y la confrontación las petrifica.

¿Qué es el yin y el yang en una relación de pareja?

La fuerza espiritual que irradia el yin yang es absoluta y placentera. La misión del yin y el yang se complementa una con otra. Presta atención a que no dije se "completan"; aquí, recuerda, no hay medias naranjas. Todos somos seres completos y autónomos; cada ser humano tiene dentro su propio yin yang, y hace referencia a su capacidad de ejercer ambos espectros.

Pero...

Cuando se trata de la pareja, algo increíble sucede: para hacer un equipo que se complemente armoniosamente cada uno debe anclarse a la energía en la que se sienta más cómodo y con mayor capacidad de fluir: así permiten la existencia de la polaridad sexual.

Una pareja donde ambos estén en su energía masculina generará una lucha de poderes, muchos pleitos y confrontaciones; y una pareja donde ambos estén en su energía femenina generará muchos retos económicos y poca estructura para construir un espacio seguro en el hogar.

Cuando hay polaridad en la pareja hay armonía y confianza entre los miembros para delegar, compartir responsabilidades, construir y nutrir la relación a través del tiempo.

EJERCICIO PRÁCTICO

Trata de hacer memoria: en tus relaciones pasadas ¿en qué energía estaba cada uno?, ¿qué cualidades presentaban: las tóxicas o las conscientes?

12

CREA TUS PROPIOS MILAGROS

Una de las preguntas que más me hacen cuando llegamos a estas alturas del camino a sanar y aprender a amarnos es: "¿Cómo puedo saber con total certeza cuál es mi propósito?" Pareciera que ya no queremos volver a equivocarnos jamás, pero eso es imposible: esta vida estará repleta de aprendizajes y ésos sólo se logran con los tropezones. De cualquier manera, te tengo una excelente noticia en cuanto a tu propósito de vida: éste no es uno específico que tengas que definir para luego alcanzarlo; tu propósito es un estado de conciencia y alineación en el que te encontrarás inmersa mientras persigas tus sueños.

Entonces sólo se trata de escudriñar en lo más profundo de ti para encontrar los sueños arrumbados en un cajón de tu mente subconsciente; anímate a ver si aún tienen vida o si hay sueños nuevos, y decide acercarte a cumplirlos poco a poco. La certeza la irás sintiendo a cada paso, cada acción y en todas las microdecisiones que tomes en el día a día. Si te mantienes en esta línea por unos meses te darás cuenta de que no hay otra mejor manera de vivir y pronto estarás viendo milagros en tu vida.

Muchas veces confundimos propósito con vocación y profesión, así que vamos a diferenciarlos rápidamente. Tu profesión se refiere a lo que te dedicas, más allá de que te guste o no. Tu vocación se refiere a una profesión, pero que te fascina hacer, para la que es evidente que tienes una habilidad especial y la cual te hace sentir plena. Desgraciadamente, para muchos de nosotros la profesión no coincide con la vocación, y es así como pasamos horas del día haciendo algo que no nos llena. Por ejemplo, una de mis clientes de *coaching* es abogada y trabaja para una instancia del gobierno de México. Su trabajo le pesa, la cansa y le urge un cambio. Al revisar sus códigos de significado encontramos que estudió derecho porque todos en su familia eran abogados, así que la decisión fue por mera lealtad familiar. Otra de mis clientes es chef, y le fascina estar en la cocina, la llena, la hace sentir creativa, como pez en el agua; tiene varios reconocimientos internacionales y ama lo que hace; no se imagina dedicándose a otra cosa. Puedes notar fácilmente que una tiene una profesión y la otra tiene una profesión que coincide con su vocación, lo cual hace toda la diferencia.

Ahora, te quiero dar el ejemplo de cómo lo viví yo porque no siempre lo vemos tan claro en nuestra propia vida. Desde que tengo uso de razón quise ser diseñadora gráfica, y cuando finalmente lo logré no lo estaba disfrutando: me di cuenta de que me cansaba, no me gustaba trabajar para nadie más ni que me pusieran horarios. Cuando me independicé y puse mi propio despacho mejoró mucho el panorama porque estaba construyendo algo propio y me gustaba. Sin embargo, sobre la marcha y mientras iba creciendo, me di cuenta de que estaban surgiendo talentos que no sabía que tenía: mi energía era más productiva cuando la dedicaba a conseguir clientes que cuando me sentaba horas a bocetar propuestas gráficas. Estaba segura de que mi profesión era mi vocación, hasta que supe que me podía certificar como *life coach* y mi corazón estaba a todo lo que daba. La diferencia emocional entre una y otra profesión era absoluta.

Se vale tener varias profesiones y tu vocación. No por encontrar tu vocación quiere decir que tienes que olvidarte de tu preparación o trayectoria en otras áreas. Se vale tener *hobbies*, diversión, profesión, vocación, etcétera. Sólo tú decides. Ahora que si algo te choca y te quita mucha energía, por supuesto, la idea es que hagas una transición para dejar atrás lo que no funciona. Tu propósito es un combo de todo esto más tu vida personal. Puedes seguir tu intuición poco a poco, perseguir tus sueños en todas las áreas de tu vida, y si te eres fiel a ti misma, más rápido de lo que te imaginas vas a sentir que estás viviendo tu propósito de vida.

Por ejemplo, yo tengo dos profesiones, soy diseñadora y *life coach*; mi vocación es ayudar a otros a través de mis talentos como guía, generando contenido, dando conferencias y escribiendo; y mi propósito incluye todo eso más mis relaciones como amiga, hija, hermana y esposa, mi relación con Dios, mi forma de vivir mi vida… Puedo voltear a ver en dónde estoy inmersa y decir que finalmente encontré y vivo mi propósito.

Prepárate para soñar

Soñar se dice fácil. Parece que es obvio que todos queremos soñar en grande, pero la realidad es que nos reta mucho porque nos confronta con posibilidades que nos asustan (fracaso, críticas, juicios, rechazo, ridículo, etcétera). Perseguir la realización de nuestros sueños es la prueba de graduación que refleja nuestra capacidad de merecimiento.

Esta vida se trata de sentir, de tener experiencias enriquecedoras, de compartir y de vivir explorando nuestra capacidad al usar nuestros talentos.

Quizá ahorita puedas estar pensando que tampoco sabes cuáles son tus talentos (a todos nos pasa), así que me voy a adelantar con la respuesta: los talentos surgen sólo al darte la oportunidad de intentar cosas nuevas. Entonces, si te das cuenta, se trata de que en un inicio te des permiso de no saber cuál es tu propósito o qué talentos posees; se trata de que lo vayas descubriendo poco a poco sin perder de vista que hay que disfrutar el "aquí y ahora" con tu brújula de la intuición y siendo fiel a tu corazón.

Úsame otra vez como espejo: cuando me atreví a perseguir el sueño de ser *life coach*, de tener un mensaje que pudiera ayudar a otros a enfrentar circunstancias de vida que yo había superado, fue muy retador en su momento. Me emocionaba mucho pensar que yo podía ser experta en mi propia vida y públicamente compartir mis reflexiones respecto de los temas que más me apasionaban. Pero me daba un poco de pena decirlo en voz alta porque no sabía cómo reaccionarían los demás, me daba terror que me juzgaran y, peor tantito, que se rieran de mí. La verdad es que el sueño se tornó muy grande y con mi promesa de lealtad feroz no pude no intentarlo, así que me animé a dar los primeros pasos. En el camino a certificarme empecé a generar contenido y a ofrecer sesiones de *coaching*; pasé por fracasos aparentes, situaciones difíciles, clientes con problemas muy retadores… y ahí, en medio de la necesidad para que funcionaran las cosas, me di cuenta sobre la marcha de que tenía un gran talento para guiar a otros a sanar sus heridas, ya fuera en sesiones individuales, a través de cursos o como podcáster. Cada uno de esos retos al inicio se sintió incierto; yo no sabía qué tal me iba a salir todo, estaba muy nerviosa. Hoy me siento viviendo mi propósito de vida, pero sigo soñando y sigo descubriendo talentos (mientras escribo estas líneas pienso que tengo un talento nuevo: escribir; ya me dirás qué opinas).

Con este ejemplo lo que quiero que reflexiones es que no debes tener talentos específicos para seguir tus sueños.

Más bien atrévete a pensar que si Dios puso tus sueños en tu corazón es porque los talentos para lograr tus metas están dentro de ti; pero primero tendrás que dar pasos de fe y luego los descubrirás. Así como el pajarito que sale del nido por primera vez tiene talento para volar, pero no lo corrobora hasta que lo necesita para no caer. Así que aquí sería un buen momento para hacerte una pregunta: ¿estás dispuesta a descubrir tus talentos o te vas a aferrar al "no sé para qué soy buena"? Piénsalo.

Cuando aprendemos que nuestros sueños son las pistas que nos llevan a nuestro propósito de vida, nos atrevemos a soñar cada vez más en grande, y con la práctica le perdemos el miedo al fracaso y nos damos permiso de querer sin medida.

Los sueños que se cumplen

"Esther, todos queremos ser abundantes en todas las áreas de la vida", me dijo un cliente, y si bien en cierta medida es verdad, yo me refiero a "querer" en realidad, ese "querer es poder" resiliente y que no se rinde, que no se conforma con menos de lo que merece y que va diligentemente a conseguir los anhelos de su corazón.

Querer no es fácil: querer con el corazón en la mano nos desnuda ante el mundo y nos fuerza a aceptar nuestra vulnerabilidad y nuestra capacidad de perseverar en un mundo que continuamente nos invita a no querer demasiado para no sufrir desilusiones.

Cuando te atreves a querer de esta manera te transformas; de hecho, como ya te había dicho en capítulos anteriores, pienso fielmente que "querer" es de lo más espiritual que podemos hacer en esta vida, ya que al querer nos estamos poniendo en completa vulnerabilidad mostrando los anhelos del corazón.

Querer nos va a retar continuamente a remplazar todas nuestras creencias limitantes, a superar todas nuestras inseguridades y complejos, a perderles el miedo al rechazo y al juicio de los demás.

El arte del querer

Permítete ir cultivando la capacidad de ver los sueños que quieres hacer realidad y no juzgarlos como buenos o malos, mucho o poco, creíble o imposible; simplemente deja que, conforme sueñas en grande y te anclas al momento presente, descubras y poco a poco aclares a detalle esos anhelos que ya están en ti.

¿Te acuerdas de la oruga que quería volar sin saber que estaba por convertirse en mariposa? Así mismo es posible que quieras algo que no ves viable, pero justo ahí tienes una pista que te llevará a vivir tu propósito.

En el proceso irás reinventándote. Es muy importante que disfrutes el proceso y que recuerdes que siempre tienes derecho a cambiar de opinión; tu intuición te irá guiando. Ten cuidado de no tropezar con los baches más comunes donde podemos caer y que sólo nos permiten soñar hasta cierto punto.

Querer sólo en la medida de que los demás tengan: Es común que nos permitamos tener sólo algo que los demás tienen, desde un gran amor hasta cosas materiales. Existe la común creencia limitante de que si tenemos más que los demás, de alguna manera estamos siendo injustos o podríamos estar causándoles tristeza. Es muy importante que desvincules tu merecimiento de lo que los demás tengan. Recuerda que cada persona está en su propio proceso y va a su propio ritmo; no te frenes ni sabotees tu capacidad de merecer.

Querer sólo para ser un vehículo que provea a otros: Existe el merecimiento condicionado a la necesidad de otros, donde nos permitimos merecer con toda la intención de proteger y proveer para otros. Por ejemplo: madres o padres que proveen dinero a la casa con la motivación de que nada les falte a sus hijos, o quizá emprendedores que generan dinero suficiente para pagar la nómina. Sin embargo, no se permiten querer para crecer o por el mero gusto de vivir en abundancia.

Querer lo que todos quieren: Cuando no nos hemos permitido soñar en grande, puede que haya un periodo donde de plano no sepamos qué queremos y terminemos deseando lo que todos quieren. Clichés como querer viajar, querer casarnos, querer hijos, querer comprar una casa, etcétera. Asegúrate de que de verdad quieras aquello que dices querer y reflexiona por qué lo quieres para que no caigas en querer por inercia. Cuando queremos lo que todos quieren es evidente que lo que queremos realmente es pertenecer.

Querer a medias: Esto sucede cuando nos animamos por ratos; a veces queremos, pero como nos da miedo que no pase o que los demás sepan que no tenemos aún lo que queremos y causar lástima, terminamos censurándonos. Si alguna vez has dicho: "Quiero enamorarme, pero si no pasa yo estoy tranquila" o "Me encantaría que me den el trabajo, pero si no sucede yo estoy feliz así", es un claro ejemplo de este tipo de sabotaje. Cuando hacemos trabajo interior y realmente nos centramos en nuestro amor propio, vamos a poder enfrentar las emociones de que lo que queremos no pase y lo haremos con paz y apertura. Sin embargo, cuando queremos e inmediatamente explicamos cómo reaccionaremos si no pasa, estamos delatándonos, y sin buscarlo terminamos activando más la potencialidad de que no pase que la de que sí pase.

Querer en secreto: ¿Te ha pasado querer algo, pero jamás hacerlo evidente? Quizá te enamoraste de alguien que nunca supo tus sentimientos; quizá quieres un aumento, pero ni siquiera has considerado hablar con tu jefe. Es común que suceda que nos atrevemos a querer y hasta hacemos un *vision board*, pero nos da pena que los demás vean lo que pusimos en él, al punto de cubrirlo o esconderlo cuando hay visitas. Querer en secreto implica sentimientos de vergüenza que resultan contraproducentes cuando se trata de evocar emociones de anticipación en cualquier proceso de manifestación.

Querer para demostrar: Es común querer tener ciertos resultados para demostrar que se puede o para probar que alguien más estaba en un error. Intentar hacer evidente que alguien se equivocó al juzgarnos o dejarnos puede venir cargado de ganas de venganza o justicia. Sin embargo, si no nos liberamos de esa necesidad, podemos terminar ligando nuestra identidad y valor personal a nuestros resultados, y eso siempre será en detrimento de nuestra salud emocional.

Puedes darte cuenta de que querer es todo un arte porque nos lleva a vivir honestamente desde el corazón. Se trata de disfrutar la vida que tenemos desde la integración de nuestra verdadera esencia liberada de prejuicios, creencias limitantes, complejos, inseguridades y donde conectemos verdaderamente con nuestro entorno. Tú y yo fuimos diseñadas para vivir una vida abundante y llena de milagros, pero para atestiguarlos tenemos que liberar los obstáculos que no nos permiten recibir y continuamente rendirnos.

Tienes una contribución especial que hacer

Cuando se trata de tu vida profesional seguramente tendrás que determinar honestamente si te gusta lo que haces o no. Pasamos tanto tiempo del día trabajando que resulta casi imposible sólo soñar en grande en nuestro tiempo libre o durante el fin de semana.

Muchas personas caen en la creencia de que la naturaleza del trabajo implica esfuerzo y sacrificio. Después de todo, por eso se llama "trabajo", y siendo justos, claro que hay dificultades en la mayoría de los trabajos de vez en cuando, pero ¿debemos aceptar que ser miserables ocho o más horas al día es el precio que uno tiene que pagar por un sueldo? ¿O podemos atrevernos a esperar milagros también cuando se trata de vocación y abundancia? Yo estoy segura de que *puedes* tener un trabajo que te satisfaga completamente, en un ambiente de apoyo con personas agradables, mientras haces lo que amas. Tú *puedes* sentirte viva cada día de tu vida y ganar dinero en el proceso.

Tu alma habla a través de tu imaginación y es así como puedes expresar y visualizar tus deseos más profundos. Tu alma no es "realista" ni se limita por la realidad que vives ahora mismo. El reto que tienes en este momento es dejar de considerar tu imaginación como un cuento de hadas idealista, porque es así como deshonramos nuestros deseos legítimos más profundos. Honra los mensajes que provienen de tu alma, pues son la parte más profunda de tu ser, mensajes importantes de lo que puedes lograr y la dirección que habrás de tomar.

Si tu trabajo te gusta, quiere decir que eres sumamente afortunada y que puedes explorar cómo crecer e innovar desde donde estás parada. Pero si eres de las que se sienten abrumadas por el trabajo actual y tienen la certeza de que por ahí no es, quizá lo mejor que puedes hacer es planear una transición, despacio, sin tomar decisiones impulsivas.

Una forma de descubrir hacia dónde podrías transitar es observando qué es lo que amas hacer y lo haces naturalmente. Al prestar atención a las habilidades que disfrutas ejercitar, irás encontrando pistas: el trabajo de tu vida involucrará utilizar esas habilidades que seguro te guiarán a descubrir talentos. El universo conspira sincronizándose constantemente y todo trabajo te preparará en cierta forma para el próximo. Confía en que lo que estás haciendo ahora mismo te está ayudando a obtener habilidades necesarias para tu vocación.

Hubo un momento durante mi crisis de corazón roto en que me atormentaba pensar que me había equivocado de carrera. Salir adelante económicamente con diseño gráfico parecía imposible. Volver a estudiar otra cosa en la universidad era absurdo para mí, así que seguí adelante con mi profesión, pero a diferencia de antes, empecé considerar las leyes universales en todos mis esfuerzos y los cambios fueron increíbles. Después, al encontrar mi verdadera vocación como *life coach*, fue evidente que tenía un as bajo la manga: yo diseñé mis primeros materiales para darme a conocer como *life coach*; para mí era supersimple editar videos, audios, hacer logotipos, crear sitios web, etcétera. Me di cuenta de que no me había equivocado de carrera universitaria; pero debía darme permiso de evolucionar integrando todas mis capacidades profesionales acumuladas. Hoy que puedo ver hacia atrás es clarísimo para mí cómo todo se fue sincronizando en mi beneficio, aun cuando no lo parecía.

Así que, si hoy no te gusta tu trabajo o tu profesión, sólo acepta lo que *es* y trata de verle el aspecto positivo a las capacidades que has acumulado. Ábrete a la posibilidad de sorprenderte pronto y ver cómo todo eventualmente puede obrar para bien.

El placer de habitarte

En esta vida lo más bonito que puede sucedernos es que nos encante ser quien somos, así, con nuestras fallas e imperfecciones, que nos maraville la creatividad de nuestro creador que nos dio forma y aliento de vida. Que honestamente podamos ser quien somos sin miedo a no ser suficientes.

Tú y yo somos seres espirituales teniendo una experiencia física, y habitamos este cuerpo de carne y hueso. Es hora de sentir el placer de habitarnos y no dejar que nos pasen los días, meses y años huyendo de nuestra realidad, esperando que las cosas que no fluyen cambien solas.

Al despertar nuestra conciencia tenemos que hacernos responsables de todo lo que ocurra de nuestra piel hacia dentro; sólo así podremos transformar la realidad exterior.

Somos responsables de nuestra experiencia día con día y tenemos que comprometernos a no ahogar nuestras emociones nunca más y a vivir nuestra vida con una conciencia despierta, emocionadas de saber finalmente que nuestro éxito es inevitable si nos atrevemos a creerlo. ¿Y qué crees? Sólo así experimentarás el empoderamiento del que tanto escuchamos hoy en día. Porque "empoderarte" no significa que no sientas emociones densas, que siempre estés bien o que tengas una vida perfecta donde no te haga falta nada. El empoderamiento es algo que se vive sólo si te permites sentir y procesar tus emociones, todas las que se presenten: las incómodas y las placenteras.

Nunca pierdas tu autonomía

Llegar a sentirnos al volante de nuestra vida es un trabajo arduo, donde continuamente somos retados a liberar, sanar y reprogramar. Este trabajo interior es, sin duda, el mejor regalo que podemos darnos porque una vez que lo hacemos parte de nuestra forma de vivir cambia por completo nuestro panorama hacia el futuro. Y créeme, vienen milagros enormes para ti, todo lo que quieras manifestar lo lograrás más pronto de lo que te imaginas si integras todo lo que ahora sabes. No tienes que ser perfecta, se valen los bajones y los tropezones en el camino, pero ahora la diferencia es que no te negarás a sentir y podrás regresar a tu centro con honestidad y amor por ti misma.

Vendrán muchas bendiciones, amistades, proyectos, trabajos, clientes, viajes, experiencias, amistades y, sobre todo, un nuevo amor. Tu reto es nunca perder tu autonomía, nunca soltarte a ti misma ni regresar a patrones tóxicos o a mecanismos de defensa obsoletos.

Mantén tus ojos abiertos para no caer en la codependencia. Es muy fácil regresar a lo conocido, sobre todo cuando manifestamos rápido muchas bendiciones, ya que puede ser tan sorprendente que nos perdemos de vista a nosotros mismos.

Las heridas de nuestro pasado de alguna manera nos marcaron tanto que, aun cuando ya las sanamos y podemos ver que todo sucedió como tenía que pasar, determinan nuestras proclividades.

Escógete a ti

Te he retado mucho a que seas responsable de tu realidad actual y de tu capacidad de crear la vida que quieres. Para que lo logres también vas a tener que estar muy atenta a priorizar tus necesidades. Curiosamente, la mayoría de nuestros problemas emocionales se presentan cuando tratamos de poner a otros antes que nosotros. Parece algo bueno y noble. Muchas veces pensamos que estamos haciendo una muestra de amor cuando les damos gusto a los demás en todo; tratamos de darles a nuestros seres queridos todo nuestro tiempo y energía, y terminamos sirviéndoles desde una "copa vacía"; eso provoca que nunca sea suficiente ni para ellos ni para nosotros mismos.

Cuando te escoges a ti misma antes que a los demás, le ofreces al mundo entero la mejor versión de ti que puedes dar, y terminas presentándote como siempre has querido:

la mejor amiga, novia, esposa, hija, madre, hermana, jefa o emprendedora que puedes ser.

Algunas veces escogerte implicará poner límites, dejar de ver a alguien, terminar una amistad, tomarte una siesta, cancelar un compromiso, decir que no cuando te piden un favor, establecer prioridades, etcétera.

Te voy a explicar este punto retomando una historia que comencé a contarte en páginas anteriores; te mencioné que en la universidad tuve una amiga que fue muy importante, en aquellos tiempos era muy divertida, pero también muy conflictiva; siempre había algún drama o alguna situación inusual, le encantaba el chisme y a mí también. Al salir de la universidad, por cosas de la vida nos distanciamos. Como te conté, ella no estuvo presente durante los años de mi transformación, era evidente que sólo nos estaríamos lastimando al tratar de retomar una amistad forzada. Una falta de respeto (que para mí fue muy dolorosa e incomoda) le puso punto final a nuestra amistad. No hubo necesidad de platicar, tener una confrontación, explicarle que burlarse era malo. Nada. Me escogí a mí y al hacerlo le mandé un mensaje sanador muy poderoso a mi niña interior: "Te escojo a ti y nadie que se burle de ti tendrá mi atención". Nuestra amistad terminó y eso me generó nostalgia, pero al mismo tiempo cada quien tiene derecho a pensar como quiera, y podemos decirnos adiós quedando en paz; eso es más sano que tratar de cambiarnos la una a la otra.

Escogerte de esta manera no es egoísta, es un acto de amor propio que te permite darte a ti misma lo que necesitas para que no te desesperes esperando que los demás reconozcan recíprocamente lo que tú sacrificas por ellos. En vez de dar y esperar que te den, mejor tú date lo que necesitas para que después puedas compartir desde la abundancia.

Yo necesitaba apoyo y lealtad, así que mejor me los di yo misma en vez de exigirle a mi amiga que fuera diferente. Desde ese lugar lo bonito es que, aunque ya no somos amigas, recuerdo con gusto los años que compartimos.

Otro ejemplo que quiero compartirte porque fue muy importante en mi camino fue mi boda con Brent. Se trataba de un sueño compartido donde el reto de ambos era tener la boda que nosotros queríamos y no lo que les acomodara a los demás.

Conmigo empezó desde el vestido: me interesaba mucho no sacrificar mi comodidad a causa de algún complejo corporal. No quería fajas, miles de botones, medias, ni nada que me incomodara. Escogí mi bienestar total antes de preocuparme por cómo me veía para los demás. Lo cual me llevó a pensar: "¿Por qué invitaría a alguien con el potencial de criticarme o tener una opinión negativa de mí, de mi estilo o de mi cuerpo? No quiero ver a nadie en mi boda que no me dé genuino placer ver y abrazar". La lista de invitados se redujo más y más. Brent y yo nos prometimos no invitar a nadie por "compromiso" ni "para que no se enoje" ni "para quedar bien". Mi filtro era: "Si esta persona no conoce a Brent aun después de todo el tiempo que fuimos novios, quiere decir que ya no somos cercanos".

¿Cuántas veces has dejado de hacer algo porque consideras las opiniones y necesidades de personas que ni frecuentas? Priorízate y verás cómo es mucho más fácil de lo que crees cumplir tus sueños.

Yo sé que al inicio va a ser muy difícil tomar estas decisiones que se pueden sentir egoístas o drásticas, pero tienes que recordar que se siente así porque tu paradigma está lleno de creencias sociales y culturales que te han marcado respecto a cómo debes actuar. Te invito a que te des permiso de dejar de actuar y empezar a SER tú misma. Al escogerte podrás liberarte de prejuicios y permitirás que tu ser auténtico pueda expresar amor a todos los que te rodean de la manera más honesta.

Poco a poco será más fácil porque tu sistema nervioso se va acostumbrando a ser valiente y auténtico, lo cual te dará la oportunidad de expresar tu verdad sin miedo al rechazo de los demás; porque la aprobación más importante —la tuya— ya la tienes.

Usa esta otra situación que te voy a contar como espejo y notarás la evolución que puedes tener cuando cambias las creencias de tu paradigma. Antes de cortar con mi Ex recuerdo que uno de los problemas que enfrentábamos al pensar en casarnos era que él no podía ni considerar no casarse por la Iglesia católica porque a su familia le daría un ataque. Un día me dijo: "Mi abuelita se va a morir, y por otro lado, si hacemos una boda rara, ¿qué van a decir los demás?" Como te darás cuenta, él estaba muy conflictuado por las lealtades familiares y las presiones sociales y culturales inculcadas que tenía megaengranadas en su subconsciente. Y cuando yo consideraba casarme por la Iglesia católica para darle gusto sabía que mis papás no iban a ir, y le decía: "Imagínate la pena que voy a tener que pasar cuando mis papás no estén y a mí nadie me entregue". Era evidente que él no se escogía ni a él ni a mí, y yo me llenaba de vergüenza sintiéndome completamente sola: "Mi familia no va a ceder, mi novio no va a ceder y yo no soy suficiente".

En su momento este conflicto fue triste y frustrante, pero me forzó a identificar todas las lealtades familiares, estereotipos sociales, creencias culturales, y a liberarme de todo eso. Cuando ya no estábamos juntos y yo reflexionaba recordando estos focos rojos, me di cuenta de que ni él ni yo defendimos nuestras creencias ni nuestros ideales: estábamos paralizados por las expectativas de los demás.

Años después, cuando Brent y yo planeábamos nuestra ceremonia, hablábamos desde nuestro corazón: queríamos algo único, algo que tuviera mucho valor simbólico para nosotros según nuestras creencias. Organizamos una boda hermosa. Josh Harder, un pastor cristiano bilingüe con quien trabajamos los dos, nos ayudó a prepararnos para la gran promesa que nos íbamos a hacer, y él iba a guiar la ceremonia. El grueso de la ceremonia estuvo compuesto por poemas y cartas que nos escribimos Brent y yo durante nuestro noviazgo; nuestro mejores amigos pasaron al frente a leer esos textos tan íntimos y honestos frente a todos los testigos invitados. Esa ceremonia fue un sueño para mí. La comunicación con Brent durante la planeación fue fenomenal. Acumulamos poemas durante dos años sin pensar que estábamos escribiendo el guion de nuestra boda, y yo no podía sentirme más alineada a mi verdad. Cuando les platiqué a mis papás cómo sería nuestra ceremonia me dijeron que no me entregarían ni tampoco estarían presentes. Por supuesto, es fuerte procesar eso, pero lo tomé perfectamente bien: entendí que ellos no tenían que hacer algo que no les gustaba o no les hacía sentido. La diferencia está en que la Esther Iturralde que se traumaba y se avergonzaba por esa posibilidad ahora se encontraba en una realidad muy diferente: Brent estaba completamente feliz de casarse conmigo y yo con él; así, todas mis expectativas estaban satisfechas. Aprendí a liberar a los demás de ser quien no quieren ser y yo me di lealtad feroz sin sentirme culpable.

Desde esta conciencia e inteligencia emocional, Brent y yo pasamos a la etapa de planear esa parte de la ceremonia y yo me mentalicé en dar cada paso hacia Brent haciéndome responsable de mi decisión: nadie me entregaría porque yo me entregaría a mí misma. Nadie me llevó y de alguna manera eso fue más poderoso para hacerme responsable de mi futuro con Brent. Creo fielmente que caminar hacia Brent en mi boda, en frente de todo mundo, es el momento en el que me he sentido más empoderada en toda mi vida. Ha sido muy potente para mí darme cuenta de que lo que un día me hacía llorar por la vergüenza que sentiría y entrar en drama codependiente ahora era un momento de plenitud interior sin enojos ni reproches a nadie; porque todos somos capaces de decidir lo mejor para nosotros.

¿Hay algo que quieres, pero no te das permiso de tener por miedo a que alguien se enoje, te abandone o te juzgue? ¿Podrías considerar que cada quien tiene derecho a sentir sus emociones y decidir qué hacer con su tiempo, su dinero, su vida o su espiritualidad? ¿Te imaginas lo libre que serás si les dejas de pedir permiso a los demás para ser tú?

Todo lo que quieras de los demás te lo tienes que dar tú primero

Si realmente quieres tomar las riendas de tu vida y permitirte sentir tus emociones conforme se vayan presentando, tienes que ser capaz de cubrir tus necesidades personales. Y no, no me refiero a tus gastos, me refiero a las expectativas que tienes de los demás: que te den amor incondicional, respeto, validación, atenciones, aprobación, tiempo, apoyo… Eso es lo que más queremos recibir de las personas que nos rodean, y si no nos lo dan, nos sentimos defraudados y eso nos causa sufrimiento innecesario.

Ahora tú puedes darte todo eso que necesitas, porque se vale quererlo todo, pero no se vale esperar y exigir que los demás nos lo den. Somos completamente capaces de satisfacer las necesidades de nuestro corazón nosotros mismos. ¿Cómo podemos esperar que nuestra pareja nos muestre respeto si nosotros no somos capaces de respetarnos primero? Y es que el respeto es fundamental para que las relaciones funcionen, pero debemos entender el orden de las expectativas: sólo podemos esperar de los demás algo que nosotros sabemos darnos y es así como energéticamente les mostramos cómo merecemos ser tratados.

Arriba te conté el dilema que tenía con mi Ex en cuanto a nuestra boda y las diferencias religiosas familiares. Mi gran queja era que mi pareja no me priorizaba, no me daba mi lugar, no me escogía a mí, y todo eso me causaba un profundo dolor y desvalorización. Mirando hacia atrás, la realidad es que mi Ex nunca me vio priorizarme, yo no me daba mi lugar y yo no me escogía mí misma.

Entonces, te pregunto ahora: ¿qué es lo que tanto quieres?, ¿estás dispuesta a empezar a dártelo?, ¿estás dispuesta a mostrarle al mundo cómo mereces ser tratada y nunca conformarte con menos de lo que tú misma te das?

Quiero aclarar que esto no es una invitación para que nunca recibas de los demás. Esta manera de vivir te lleva a sentirte tan cómoda de tu piel hacia dentro que tu frecuencia vibratoria cambia radicalmente y así empiezas a atraer y manifestar todo lo que has querido. Es hermoso ver cómo cuando tú te das primero lo que necesitas, lo empiezas a recibir de otros también y llega de una manera sincera, natural y auténtica.

Las leyes universales están siempre rigiendo las sincronizaciones y manifestaciones de nuestra realidad. Al tú darte lo que quieres, te llevas a vibrar en la frecuencia de quien recibe, y es así como puedes sentirlo, normalizarlo y atraer más de eso: más amor, más respeto, más paz, más abundancia de todo lo que tu corazón anhela.

Es así como creas milagros, atreviéndote a creerle a Dios que no se equivocó al crearte a ti, ni se equivocó al crear el universo entero; muestras la aceptación de tu merecimiento y fluyes con la experiencia terrenal, que es un gran regalo.

Si quieres una vida llena de milagros vas a tener que confiar, vas a tener que dejar de ser "realista" y en el proceso te sentirás vulnerable. Justo hoy platicaba con una chica que quiere prepararse para ser *life coach* en mi certificación Sherpa, y me decía: "Todos los días le pido a Dios que provea para que yo pueda seguir mi sueño; sé que los milagros suceden a diario pero, siendo realistas, no creo poder inscribirme porque no tengo dinero". ¿Puedes notar la incoherencia en esta frase? Los milagros nunca van a ser realistas, por eso se llaman milagros, y para recibir milagros tenemos que creer. Así que atrévete a vivir una vida donde esperes milagros continuos y déjate sorprender.

Independientemente de tu historia, de las situaciones difíciles que has atravesado y aun de una realidad presente complicada, tu éxito es inevitable si te atreves a creerlo.

Antes de terminar este libro quiero contarte una historia muy importante para mí, porque quiero que te des cuenta de que lo que quieres importa, y aunque a veces las cosas parezcan imposibles, las sincronizaciones del universo se están dando aunque no lo notes.

Yo conocí a Brent a los 19 años, en un internado cristiano al que fui por un año después de la preparatoria. Lo conocí a través de Chelsea, una amiga, y conviví con él por pocos días, mismos que fueron suficientes para que yo me enamorara (¡imagínate!, en ese entonces yo ni había conocido a mi Ex). Me clavé durísimo: como te platiqué, yo siempre fui megarromántica. Brent me encantó desde el principio, y recuerdo haberle pedido a Dios, muy ilusionada, que Brent me correspondiera. Tenía un diario con fotos al lado de Brent y por un tiempo escribí todos los días al respecto de mis sentimientos. Me regresé a México e hice mi mejor esfuerzo para mantener el contacto con Brent, pero no fluyó la amistad a distancia y, por supuesto, yo sufrí el rechazo amoroso. Después seguí adelante con mi vida y él también. De hecho, él se casó muy joven con alguien más. Cada uno tuvo múltiples experiencias dolorosas que forjaron nuestro carácter, maduramos en todos los sentidos y sanamos muchas cosas.

Doce años después de conocernos fue cuando, a través de Facebook, comenzamos a hablar un día y a la fecha no hemos parado. Todo empezó a fluir; superamos barreras de lenguaje, culturales, económicas, geográficas, migratorias y más. Ya estando juntos, un día hablábamos de qué habría pasado si nos hubiéramos hecho novios desde que nos conocimos; asumiendo que todo hubiese sido hermoso como lo es ahora, nos frustrábamos por haber perdido 12 valiosos años de tenernos. Pero con todo lo que sabemos ahora, aunque no podemos asegurarlo, es muy posible que nos hubiéramos lastimado mucho, que nos hubiéramos hecho sumamente codependientes el uno del otro. En esos 12 años que pasaron tanto él como yo nos forjamos de mil maneras para que hoy podamos ser una pareja fuerte, en la que cada uno es autónomo y en la que podemos amarnos plenamente.

Ahora muchas veces cuando platico con Dios le digo: "Aunque la respuesta parezca no llegar, sé que siempre me escuchas". Sólo manifestamos lo que estamos listos para recibir, y en ese entonces ni yo ni Brent estábamos listos para estar juntos.

Qué bueno que aprendí de corazón roto con otra persona y no con Brent, qué bueno que encontré mi vocación, qué bueno que entendí mi proclividad a la codependencia antes de que Brent me correspondiera, qué maravilla que pude aprender a amarme y tener una etapa de solitud antes de casarme… porque gracias a eso hoy puedo presentarme al mundo como una persona completa y plena, al mismo tiempo que comparto mi vida con mi humano favorito.

Es por eso por lo que me la paso diciendo:

> **Lo peor que me ha pasado es lo mejor que me ha pasado.**

Esta frase es mía, pero puede inspirarte para que de alguna manera la vivas en carne propia también.

Hay muchas cosas en tu pasado que no has entendido y que te han hecho sufrir. Es duro aceptar que todo puede obrar para bien cuando se sientes tan mal, pero date cuenta de que tienes una perspectiva muy limitada cuando estás en el ojo del huracán. Atrévete a creer que un día voltearás a ver hacia atrás y entenderás que todo sucedió de tal manera que tú aprendieras, maduraras, te forjaras y recibieras cuando estuvieras lista y en una vibración coherente con lo que deseabas.

Tu chamba hoy es sólo anclarte al momento presente y hacer lo mejor que puedas. Con toda esta información estás despertando tu propia conciencia para que ahora puedas crear tu realidad intencionalmente. La clave es que vayas un paso a la vez sin desanimarte por que el camino parezca largo. Recuerda que la meta no es la cima: la meta siempre es disfrutar el viaje y tu vida es el mejor viaje del mundo.

CONCLUSIÓN

Lo que quieres también te quiere a ti. Así es. Esa oportunidad laboral, ese nuevo gran amor, esos amigos, esa abundancia económica, ese viaje, todo lo que quieres también —aunque te parezca raro— quiere ser para ti. La clave es entender que el punto de encuentro depende de que vibres en la frecuencia de quien ya lo tiene el suficiente tiempo para que se dé la manifestación. Y con todo lo que has aprendido es posible acelerar el proceso de manifestación de todos tus anhelos intencionalmente.

Atrévete a creer
Nunca dejes de sentir
Atrévete a ser tú
Nunca te vuelvas a soltar
Atrévete a querer
Nunca te conformes

RECURSOS ADICIONALES

Agradezco con todo mi corazón que hayas leído este libro y que me hayas dejado guiarte con los ejercicios de escritura y reflexión que a mí me cambiaron por completo la vida. Has llegado al final, pero me encantaría seguir a tu lado en este proceso de reinvención, así que te dejo los siguientes recursos:

- Te invito a escuchar mi podcast **Reinvéntate**. Estoy segura de que te va a inspirar. Lo encuentras en todas las plataformas de pódcast. Puedes dar clic directamente en la que te funcione mejor si vas a la página web www. reinventatepodcast.com o en Instagram @reinventate podcast.
- Si quieres profundizar en tu espiritualidad, sanar tu niña interior y aprender más de las leyes universales, puedes unirte a mi grupo de estudio mensual **Relevante Espiritual**. Encuentras todos los detalles en www. estheriturralde.com/relevanteespiritual.
- Si quieres profundizar en tu amor propio y aprender a manifestar un nuevo gran amor, únete a **Epic Self**. Encuentras todos los detalles en www.estheriturralde. com/epicself.
- Si te encanta todo lo que has aprendido y te gustaría utilizar tu propia historia para ayudar a otros, quizá

como yo, tienes vocación de *life coach*. Encuentras todos los detalles de mi certificación **Sherpa** en www.sherpa certification.com o en Instagram @sherpacoachingcer tification.

- Si quieres acompañamiento para sanar tu corazón y superar un fracaso amoroso muy profundo, puedes entrar a mi curso de nueve semanas **Epic Heart**. Tendrás más herramientas, apoyo de mi parte, meditaciones guiadas, lecturas adicionales y apoyo de la comunidad. Encuentras todos los detalles en http://www.estheritu rralde.com/epicheart.

- Si quieres mejorar tu relación con el dinero y liberarte de las creencias limitantes que están en tu subconsciente, seguramente te encantará mi curso **Money Mindset**, en www.estheriturralde.com/money.

- Si quieres aprender a liberar tus emociones con una maravillosa técnica llamada EFT o *tapping*, conoce mi curso en www.estheriturralde.com/tapping.

Y por supuesto, si quieres conocer mis proyectos futuros, retiros y sesiones individuales, visita mi página web www. estheriturralde.com. Ahí siempre estará toda la información actualizada, al igual que en mi Instagram @estheriturralde.

AGRADECIMIENTOS

Primero que nada, quiero agradecer a mi mamá y papá; ustedes me abrieron paso en este viaje de vida y no tengo palabras para explicarles lo mucho que los amo.

Bar y Marco ustedes son mis pilares fuertes de amor incondicional. Gracias por no soltarme, para mí saber que cuento con ustedes es un tesoro.

Mis amigos, me siento profundamente afortunada por contar con amigos del alma, años de caminar juntos por elección, en las buenas y en las malas: Karen, Diego, Lucía, Memo, Aline, Iván, Roberto, Lezin, Gaga, Deborah y Paola.

Quiero dar un agradecimiento muy especial a todas las personas que han confiado en mí al escuchar mi podcast, tomar alguno de mis cursos y a mis clientes de coaching. Es gracias a ustedes que mi historia se transmutó en mi combustible.

Mi amor Brent, gracias por todo tu apoyo, tu amor me ha impulsado más que nada, eres mi más grande bendición.

Y finalmente gracias al gran **YO SOY**; no quiero dejar nunca de ser arcilla en tus manos.

Síndrome de un corazón roto de Esther Iturralde
se terminó de imprimir en enero de 2022
en los talleres de
Impresora Tauro, S.A. de C.V.
Av. Año de Juárez 343, col. Granjas San Antonio,
Ciudad de México